丁丁◎著

深度粉销 2.0

低成本、爆发式增长的用户运营法则

人民邮电出版社

北京

图书在版编目（CIP）数据

深度粉销2.0：低成本、爆发式增长的用户运营法则/
丁丁著. —— 北京：人民邮电出版社，2022.5（2023.4重印）
ISBN 978-7-115-59047-3

Ⅰ. ①深… Ⅱ. ①丁… Ⅲ. ①网络营销 Ⅳ.
①F713.365.2

中国版本图书馆CIP数据核字（2022）第052916号

内 容 提 要

本书提出以"用户主义"应对后疫情时代，通过对经典营销案例的剖析和解读，探讨了应对渠道革命、打通全域营销路径、激发用户增长、提高用户转化四大营销热门话题，为营销人提供了一整套完善的用户运营方法和工具。本书旨在帮助企业从"流量"到"留量"，激活用户价值、以低成本实现高质量增长，最终完成让企业用户从"买它"到"爱它"的行动转变，助力品牌升级。

◆ 著　　　 丁　丁
　　责任编辑　徐竞然
　　责任印制　周昇亮
◆ 人民邮电出版社出版发行　　北京市丰台区成寿寺路 11 号
　　邮编　100164　　电子邮件　315@ptpress.com.cn
　　网址　https://www.ptpress.com.cn
　　北京鑫丰华彩印有限公司印刷
◆ 开本：700×1000　1/16
　　印张：12.5　　　　　　　2022 年 5 月第 1 版
　　字数：160 千字　　　　2023 年 4 月北京第 7 次印刷

定价：69.80 元

读者服务热线：**(010)81055296**　印装质量热线：**(010)81055316**
反盗版热线：**(010)81055315**
广告经营许可证：京东市监广登字 20170147 号

粉丝帮你构建强大"免疫力"

我的闺蜜罗教主（因她擅长美学，平时我们称她为美学教主），执着于美，前些年，"玩"色彩"玩"成了"色彩专家"，最近几年又在"玩"美业（医疗美容＋生活美容），她是服务和产品的执着者。2022年的元旦小长假里，她召集几位闺蜜在她家里跨年，她跟我们探讨的是：去年尝试过不少渠道引流方法，流量质量参差不齐（"活动控"等优惠吸引的人数较多），低质流量并不是她想要的，她更希望得到老客户的认可，让老客户把偏爱和对美丽的期盼，都能放在她的这家美容院，依靠老客户进行口碑传播。

这位颜值与实力并存的创业者，要面对的年度新方向是，如何对5%的超级用户，以及其后15%的稳定用户，给以更多偏爱。她经过两年的创新尝试，更坚信超级用户是她"让女人保持美丽"的信念完成裂变的较佳起点，是企业发展的"护城河""免疫系统"，更是企业经营升级的有效路径。

当新冠肺炎疫情出现，提高自身免疫力尤为重要。全民都开始想办法提升自身免疫力，保健产品销售形势大好，健身打卡软件下载量大涨，各种体育锻炼主题社群活跃……那问题来了，我们有没有思考过企业的"免疫力"从何而来？

网上一直流传一个段子：如果可口可乐的所有厂房被一把大火烧了，只要三个月的时间就可以重建。银行会争着为可口可乐提供贷款，供应商会争着赊销原材料，经销商会排着队等着提货，消费者也会等着买恢复生产后的可口可乐。简单说就是：可口可乐有粉丝。**粉丝资产就是企业的"免疫力"**。

我在 2018 年 11 月出版的《深度粉销》中给"粉丝"下了新定义：**粉丝就是支持者**。每一个人、每一个企业的成长和发展，都不能缺少支持者的力量。如果你认为一个用户只具有消费价值，就太狭隘了。今天的时代，人人是媒介，媒介即渠道，所以口碑价值和渠道价值都是用户的核心价值。书中，我总结了实现高转化与高复购的"路转粉"黄金法则：圈层化、情感化、参与感。这个法则已经过众多读者的实践与验证，无论是对于新产品还是网络主播的 IP 打造，效果都不错。

如果说企业的"免疫系统"来自用户体系，粉丝（超级用户）将是根基。

第一步，用户粉丝化，把用户转变为粉丝。这一步是"免疫系统"搭建的基础。第二步，粉丝渠道化，是在用户粉丝化的基础上，对粉丝进行筛选、分级，并对其中有能力的粉丝进行渠道化引领，让他们成为企业的新渠道。这一步将是构建"免疫系统"的核心一环。第三步，渠道社群化，则是通过跨界合作、关键意见领袖（KOL）的影响力等，赋能已经渠道化的粉丝进行群体裂变，从而再次走向新用户的粉丝化。这一步将是"免疫系统"的升级环节。做好以上三步，才能形成从用户到粉丝，从粉丝到推广的营销通路，从而激活企业。

通过《深度粉销》一书的发行，三年多来在各种社交媒体上，我与超过 30 000 名读者建立了直接联系。在多次交流中，这些创业者提出得最多的疑问，总结下来主要是三个问题：如何实现低成本拉新？如何让尝鲜客、体验客成长为忠实用户？如何让稳定消费的忠实用户进化成超级用户、铁杆粉丝甚至"粉丝共建伙伴"？虽然他们的企业身处不同的发展阶段，但他们面对的难题、关心的话题却是相似的。

在这本书中，希望你能找到想要的答案。

能从本书获益的核心读者群如下。

1. 为业绩增长焦虑的领导者。

2. 谋求渠道体系转型创新的企业家。

3. 希望在初创品牌或新品打造上最大限度发挥用户作用的操盘者。

4. 希望通过客户忠诚度提升计划实现业绩持续增长的执行官。

5. 希望通过迭代创新现有私域流量（会员）体系巩固客户关系、强化公司实力的经理人。

6. 用户运营相关从业者。

7. 想创业的个人。

8. 对营销感兴趣的个人。

丁丁

写于 2022 年元旦

目录

第二章

从用户到渠道：狙击痛点，以用户运营战略打通全域营销路径

德鲁克曾说，你的企业能为社会和用户提供什么样的价值，才是商业的本质，也是企业核心竞争力所在。正所谓，生意、生意，生生不息才是生意。只有以用户为中心，回归用户需求，不断为用户提供独特价值，获得用户的认可和支持，让用户转变为忠实用户，让忠实用户成为企业的新渠道力量，并赋能已经渠道化的忠实用户进行社群化运营，才能帮助企业度过经济周期，拥有"反脆弱"的能力。

第三章　增长密码：科学重构，以新会员体系激发用户成长

在物质商品极度丰富的年代，用户不可能再因为一点小恩小惠就与企业保持联系。在今天，要想与用户深度捆绑，就要获得他们的信任和认同，建立情感连接。而会员体系不仅能够作为一种促销手段和工具，更是连接用户、树立品牌口碑和提升美誉度的有力推手。我坚信，最牢固的会员体系一定是让会员成为忠实用户的体系。

CHAPTER 1

用户主义：
回归于人，以深度粉销逻辑应对后疫情时代

尼采说，凡是不能毁灭我的，必将使我强大。

2020 年是惊心动魄的。新冠肺炎疫情作为重大公共卫生危机，其冲击之猛烈任何人都不曾预料到。在这场尚未终结的疫情中，商业市场发展受阻。我们目睹了无数企业倒闭，经历过或正在经历咬牙硬撑的阶段。但困境之中，我们也见证了许多教科书般的逆风飞翔。这让我们知道：希望尚在。

后疫情时代，我们都在思考一个问题：当下商业市场的发展道路在哪儿？

打破桎梏，从经营产品到运营用户

随着信息技术的迭代升级，互联网和移动互联网、云计算、大数据、5G、人工智能以及物联网等技术持续快速发展，我们身处的世界变化得越来越快，知识的边界正在被不断突破。越来越多的企业开始觉醒，有意识地依靠科技赋能以适应加速发展中的全球市场，尤其是互联网企业和新创企业。但是，对于已经发展成熟的企业或是传统企业来说，从意识到行动的转型都是极为困难的。

在新冠肺炎疫情对全球市场的巨大冲击之下，几乎所有行业都被迫重新洗牌，思维迭代和战略转型成为当务之急。出于生产自救，企业不得不踏上艰难求生的道路，想方设法探索线上业务。商流、物流、信息流与技术的结合为企业带来了新的希望和可能性。原先受限于线下消费场景，很多企业只能营销单一产品、单一业务，满足消费者的特定需求。而如今技术的发展让企业能够借助社群、小程序、APP、SaaS（软件即服务）等工具实现用户在线化，更精准地满足用户多元化、个性化的需求。

后疫情时代，我们将迎来一个真正的无边界混战时代。只有彻底转变思维、及时转型和积极进行技术升级，企业才能度过困难时期。

从流量思维到留量思维

托马斯·弗里德曼在《世界是平的》一书中指出：当今世界改变的速

度已与过去不同，每一次颠覆性的技术革命，都给这个世界带来了深刻的变化。过去数年很多遭遇失败的高科技企业给我们敲响了警钟：它们面对着无法回避甚至无法预测的挑战，但是缺乏应对这些挑战所必需的领导力、灵活性和想象力。不是因为它们没有意识到这些问题，也不是因为它们的领导者不够精明，而是因为变化的速度太快。当我们进入 VUCA 时代后，企业面临越来越多的挑战：信息爆炸、突发事件频发、资源紧缺、员工投入度低……而 2020 年新冠肺炎疫情的突发，更是如同催化剂一般，让VUCA 时代的特点愈发凸显出来。

　　VUCA 一词源于军事用语，是 Volatility（易变性）、Uncertainty（不确定性）、Complexity（复杂性）、Ambiguity（模糊性）的缩写（如图 1-1 所示）。随后，VUCA 被商业领域用来描述已成为"新常态"的、混乱的和快速变化的商业环境。

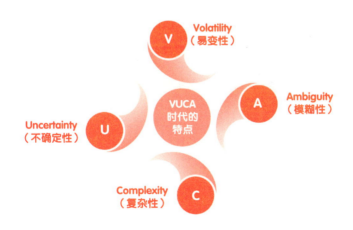

图 1-1　VUCA 时代的特点

　　其中，Volatility（易变性）是变化的本质和动力，表现出来的特点是，挑战与维持的时间长短是未知且不稳定的；Uncertainty（不确定性），指的是缺乏对意外的预期和对事物的理解，表现出来的特点是，具备变革的可能性，但不一定成功；Complexity（复杂性），指的是企业被各种力量和各种事情困扰；Ambiguity（模糊性）是对现实的模糊，表现出来的特点是，因果关系不清晰。

在 VUCA 时代，企业面临着更多的困境和挑战，尤其是传统企业。以往，传统企业只要把产品做好就可以了，但是现在不仅要做好产品，还要从用户角度出发做好服务，并充分利用各种工具与技术提高企业运行效率。

彼得·德鲁克说："动荡时代最大的危险不是动荡本身，而是仍然用过去的逻辑做事。" 在 VUCA 时代，越来越多的企业遇到了同一个问题：**拉新越来越难，流量越来越贵。** 原来行之有效的"流量思维"已经失灵，"留量思维"初露锋芒。流量就是增量，留量就是存量。从这个层面来说，增量市场已经逐渐低迷，存量市场则成了下一个"风口"。从流量思维向留量思维转变，成为企业持续发展的必经之路。而新冠肺炎疫情的冲击加剧了企业的增长困境，企业不得不即刻告别过去的思维惯性，迈出思维转型的第一步。

从流量思维到留量思维的转变是大势所趋，也是整个经济的宏观环境决定的。

第一，各种传统红利正在或已经消失。众所周知，过去 40 年我国经济一直处于高速增长时期。只要顺势而为，不出现重大决策失误，企业大都能赚钱。正如小米科技创始人雷军所说：站在"风口"上，猪都能飞起来。但这种增长是大环境带来的红利，例如人口红利、互联网及移动互联网红利。这一时期的流量是经济增长的主要驱动力，因此企业普遍追求流量增长，以流量思维为基础做出决策。

但现在环境变了。由于新冠肺炎疫情等外部环境的影响，原来势不可当的互联网企业逐渐显出疲态，外贸企业的订单骤减，生产制造企业开始大量裁员，服务行业很难在短时间内得以恢复……这一切似乎都在预示着，"寒冬"愈来愈冷。

第二，烧钱换流量的做法已经过时，获客成本越来越高。烧钱换流量是互联网企业最普遍也是最典型的做法。毫不夸张地说，很多互联网企业都是依靠这种模式发展起来的。其高额补贴、快速扩张的背后，做的就是流量生意。流量型企业对流量疯狂追逐，借助资本烧钱换用户、换战略空间和时间。但这样做换来的流量能否留下来，留下来的是"羊毛党"还是"真爱粉"，曾经风光无限的"共享单车双雄"ofo与摩拜的先后折戟足以说明一切。

更重要的是，今天互联网的增长红利正在消失，流量越来越贵，用户越来越精明。即使企业投入再多资金，也很难得到和过去一样的回报。正如ofo背后的推动者、著名天使投资人朱啸虎所说："好的需求，完全是靠用户自发以及口碑产生出的病毒式传播。靠'烧钱'发展起来的基本都是伪需求。""烧钱"无法带来用户的忠诚，也无法建立品牌的"护城河"，流量型企业很难拥有光明未来。

在直播带货的"风口"，出现了罗永浩等标志性人物。他们的直播间每天人气爆棚，每年能够卖出高达几百亿元的商品，甚至很多人固定"蹲守"在他们的直播间购物。于是有人问，流量和留量难道不能并存吗？事实上，大家看到的只是表象。在这个巨大的产业链背后，很多问题的本质都被忽视了。比如，当李佳琦在直播间里高喊"买它，买它，买它"时，一定有一个前提，那就是他能保证自己直播间的商品具有价格优势。也就是说，他们创造奇迹的背后有一个限定词——价格优势。从本质上来说，如果没有价格优势，即使他们本身拥有再大的流量，也很难创造奇迹。

类似李佳琦的带货方式并不新鲜，在零售行业格外普遍。这种方式与烧钱换流量无异，的确能够迅速引起关注，带来流量。但通过低价吸引来的流量绝大部分是价格敏感人群，他们的品牌忠诚度极低，很快会因为更低的价格离开，无法留存。

早在 2018 年年底，我就提出了从流量思维转向留量思维的观点，其实从本质上来说，**留量思维就是"用户思维"**。流量思维是我们过去做生意的思维，传统的流量思维主要分为两步走，第一步是拉新，第二步是成交（如图 1-2 所示）。也就是说，传统的流量型企业走的是一条需要大量重复投入的非闭环路径，即在公域流量中拉新，并从中实现成交，后续则不断重复拉新、成交的步骤，是不可循环的。但是，**留量思维不同，它需要四步走：第一步是拉新，第二步是成交与用户沉淀，第三步是用户运营，第四步是社交裂变**（如图 1-3 所示）。这一路径即在公域流量中拉新，并依靠产品和服务促成交易，依靠数智化技术与工具实现用户在线化与用户分级，再通过精细化运营实现用户的留存，将用户转化为企业资产，并搭建私域流量体系，最终将积累的用户口碑通过社交媒体传播到公域流量中，实现影响力、知名度、美誉度的不断提升，从而实现新一轮的拉新。显然，留量思维能够实现企业发展的良性循环，不仅能够维护好企业现有用户，把他们转变为高忠诚度的用户，还能够让现有用户带来新用户，持续不断地实现拉新与裂变。

图 1-2　流量思维的两步走　　　　图 1-3　留量思维的四步走

流量和留量的关系非常微妙，如果把流量比作工资，留量就是存款。用户运营的过程中，会因为流量而产生留量，也会因为留量而产生流量。可以说，企业靠用户流量获得用户留量，又因为用户留量获得新的用户流量。从流量思维到留量思维的转变，需要企业开始注重用户运营。用户运营的目标之一就是为产品或品牌带来更多的流量，并将流量转化为留量。

在市场"寒冬"之中，企业要想实现良性循环和逆风飞翔，只有回归用户需求，从留存用户入手，通过管理、技术、营销、服务的提升，切实地做好自己的产品和服务，用口碑来驱动增长。这是从"流量"到"留量"的转型路径，也是深耕用户运营的本质逻辑。

新世界的企业竞争力

如果我们以企业的用户是否在线化为新旧世界的分水岭，会发现新旧世界的企业竞争力出发点完全不同。长期以来，我们衡量企业竞争力时都会提到三个要素（如图1-4所示），即产品力、品牌力、渠道力。需要注意的是，这三个要素都是从企业角度出发的。

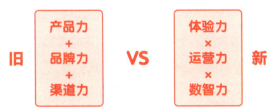

图1-4 新旧世界企业竞争力对比

危机之下，既是挑战，也是机遇，企业必须回归用户需求，以用户为中心重新调整战略布局以适应环境。因此，原有的衡量企业竞争力的要素也随之变化，从企业角度出发变为从用户角度出发。

1. 体验力

在过去，我们总强调产品力是一切价值创造的根源。但现在，从用户角度出发的体验力已经超越从企业角度出发的产品力，成为产品价值的根本体现。**体验力不仅包括优秀的产品设计和严格的品质控制，能为用户带来稳定且持续的良好消费和使用体验；还包括稳定高效的供应链能力，能满足用户购买物美价廉的产品的需求。需要注意的是，随着品牌与用户连接的需求的增加，内容力也逐渐成为体验力中极为重要的部分。**

所谓内容力，即企业在公域平台和私域平台上向自己的目标用户和潜在用户输出用户所关注的、能够引起用户共鸣的各种形式的内容，并进行良好互动，从而连接用户、筛选用户，将用户吸引并沉淀到自己的私域流量体系中，再通过持续的、有价值的内容输出引导用户分享、裂变、变现的能力。它不仅体现在广告、社群活动等的策划与设计上，更体现在与用户接触的方方面面。内容力是企业对原创差异化内容的"持续创造能力""传播能力""影响能力"的集合，能够引起用户共鸣，促进用户与品牌的交互，增强用户与品牌的情感连接。随着时代的发展，内容力的呈现形式从单一的文字、图片、电视广告逐渐变成更为丰富的视频、创意广告、活动设计、互动体验、个性化服务等。这些都需要从用户角度出发，实现深刻的用户洞察和用户理解，为用户带来惊喜。

优秀的体验力是多层次、多触点的，它存在于企业与用户接触的每一个环节。以小米为例，小米在线上线下都极其注重用户体验。例如，品牌建立之初，小米通过 MIUI 社群维系用户，深度洞察用户需求，通过快速调整、更新产品的方式赢取用户信任，迈出了塑造品牌形象和树立口碑的第一步；初代产品发布时，雷军开发布会与线上线下用户直接沟通，公布产品价格、介绍产品性能，直接激发了用户与品牌交互的热情；打造小米生态链的过程中，小米开始注重线下布局，建立小米之家、小米体验店等，不仅实现了线上线下的协同，更为用户打开了一扇直接接触、感受、体验小米产品的大门……此外，小米将体验力渗透进了定价、性能配置、售前售后服务、购买渠道等与用户相关的各个环节，为用户提供了先进的产品体验、直击痛点的内容体验以及优质的服务体验，也因此获得了用户的认可。

无论何时，营销的母体始终是产品。离开了产品，再有创意的营销都无法单独存活。而**"无体验，不成交；无体验，不复购"是当下商业市场中至关重要的原则**。因为只有体验力够强，才能激发用户购买的冲动和后续的复购行为。在互联网和移动互联网基础设施日益完善、数智化工具愈加丰富的时代，"微信 +""短视频 +""直播 +""AI+"都为企业提供了创造、构建和提升体验力的可能性。

2. 运营力

我们越来越注重"运营"的力量，而非过去常说的"管理"。在用户至上的今天，用户在与品牌的关系中逐渐占据主动地位。以"管理"去控制用户只会引发用户反感，只有精准的用户运营才能加强用户与品牌的连接。**运营力正在成为衡量企业实力的重要依据，它包括用户运营力和渠道运营力。**

所谓用户运营力，即企业对用户的精细化运营程度。每个人是不同的，用户有各种各样的特性。是新进用户，还是留存用户？是流失用户，还是回流用户？用户属于什么圈层？用户的年龄、性别、所在地区是什么样的？用户是否具有付费倾向？这一系列问题都需要企业去思考和研究。针对不同人群的需求制定相应的品牌策略，在对的场景、对的时间向对的人进行品牌宣传，效率往往会大幅度提高。

所谓渠道运营力，则是社交媒体崛起后的必然产物。在"人人即终端"的时代，"信任链＋推荐链"是相当高效的商业价值变现路径。因此，我一直提倡"粉丝渠道化"，充分发挥粉丝的口碑推广作用，实现品牌实力的大幅提升。

在分销动销一体化的今天，用户和渠道都不再是品牌的所有物，品牌要更精准、更细致地制定运营战略与运营目标，以达到预期结果。当一个企业拥有了强大的运营力，就拥有了品牌"护城河"。

3. 数智力

数智力不单纯指产品的技术含量，更包括技术在产品从研发到营销中的全方位渗透式参与，是整个企业和品牌的数智化能力。新世界的用户越来越圈层化、碎片化，用户不好找了，很多企业陷入恐慌。而数据支撑和智能系统的高效集成则为当下企业找到用户提供强大助力。

当用户发生了迁移和变化，我们可以通过互联网技术手段让"流量"精准沉淀为"留量"。大数据技术、社交软件、小程序及其他互联网工具都能帮助我们完成瞄准用户、连接用户、留下用户的任务。在我看来，互联网技术主要有两大作用：一是帮助企业找到精准用户，并描绘出用户画像，从而指导企业的产品、服务研发甚至战略的制定；二是通过社交软件、APP、小程序等与用户全方位、及时地互动和连接，提高用户留存和转化的效率。

科技是第一生产力——这句话在社会发展和实践中无数次被验证。数智力不仅让我们能够拥抱先进科技、运用先进科技，更促使我们将科技彻底融入企业发展的方方面面。利用数字化、智能化技术的能力成为企业的一项基本功，而充分利用数据进行业务的重构、融合与实时迭代成为当下科技型企业的标配。所谓"重构"，即以数据重新定义和构建原有业务、渠道与用户，将抽象变为具体，将未知变为可知；所谓"融合"，则是指数据矩阵与数据矩阵的融合，现实世界与数字世界的融合，并由此连接原本孤立的业务板块，实现数据的互通共享，提高效率；所谓"实时迭代"，即让数据流动起来，不以固定的眼光看待数据，而是积极面对数据的变化及其逐渐加快的变化速度，以当下数据辅助当下决策，以未来的视角迎接未来之改变。

科技的发展让用户与企业之间的关系更透明、更灵活、更精准，也让企业之间的竞争更激烈，保持竞争优势的时间更短。企业要想在数字化与智能化的冲击下立于不败之地，只有不断以用户为中心调整和迭代技术与工具，增强自己的数智力，让科学技术的利用有依据、有支撑。

当然，在任何时代，品牌力都是至关重要的。**品牌力反映用户对企业的认知内容和认知强度。这种认知的背后，是用户与企业之间的信任连接。**品牌力是企业抵御风险和渡过难关的基础。当类似疫情这样的"黑天鹅"事件隔断用户与企业的连接时，品牌力弱的企业往往会被用户遗忘；而那些在用户心目中建立起口碑和强势品牌认知的企业，则成为用户有需求时的选择对象。例如，即使疫情之下餐饮业受挫，海底捞在大部分餐厅无人光顾的情况下，依然有大批拥护者。

衡量企业竞争力的标准已经发生了改变，从企业角度出发的"产品力＋品牌力＋渠道力"变为从用户角度出发的"体验力 × 运营力 × 数智力"。从做加法到做乘法，这也是新世界企业指数级增长背后的奥秘。当我们再问一个企业究竟能提供什么价值时，可以用新的企业核心竞争力标准来衡量。企业也可以在未来据此构建自己的竞争力体系。

● 经典案例　瑞幸咖啡：如何构建企业"免疫力"

在人类 7 000 年的文明史中，经历过流感、天花、霍乱、鼠疫等各种传染性疾病,这些疾病都或多或少地改变了全人类的历史。现代医疗技术等的发展突破,带来了疾病控制系统、疫苗、生命支持技术等,让人类得以在传染病来临时有一战之力。

然而,当新冠肺炎疫情出现而有效的防疫手段尚未出现之时,我们必须凭借自身免疫力去抵御疾病的侵害,这也使"提高免疫力"在疫情期间成为热门话题,越来越多的人开始关注和寻找各种提高免疫力的方式。

和人类一样,企业也必须构建自身的"免疫力"以应对商业市场的优胜劣汰。不难发现,在类似新冠肺炎疫情这样的"黑天鹅"事件发生后,缺乏"免疫力"的企业往往会陷入困境,甚至被淘汰;具备强大"免疫力"的企业则能凭借抗风险能力在危机中存活下来,甚至逆袭。

瑞幸咖啡就是一个典型的案例。

瑞幸咖啡公布的数据显示,截至 2019 年年底,其直营门店数为 4 507 家,到 2021 年 7 月,瑞幸咖啡在国内已经有超过 5 000 家门店,现制饮品销量超过 3 亿杯。自 2017 年 10 月第一家门店开业至今,短短 4 年时间,瑞幸咖啡已经成为我国最大的连锁咖啡品牌。将之与传统咖啡业巨头星巴克对比(如图 1-5 所示)。星巴克诞生于 1971 年,1999 年 1 月正式进军中国市场,在北京国贸开设了国内第一家门店。目前,星巴克在中国拥有门店 5 000 家左右。显然,瑞幸咖啡门店数增长的速度比星巴克快得多。

图 1-5　瑞幸咖啡 VS 星巴克

2020年4月2日，瑞幸咖啡自曝财务造假22亿元，直接导致其股价暴跌80%，市值跳崖式缩水。2020年5月19日，瑞幸咖啡发布公告，称收到纳斯达克交易所的退市通知，一时间，在资本市场上引发剧烈的连锁反应，影响之深远，甚至波及后续中国公司在美国的上市。

然而，戏剧性的事情发生了：在财务造假事件爆发后第二天，瑞幸咖啡却迎来了消费高峰。线上，咖啡订单爆满，品牌APP和小程序全线崩溃；线下，门店客流量激增，消费者的热情不减反增。许多消费者表示，只要瑞幸咖啡的味道不变、优惠不变、品质不变，就会继续支持。就连资本也依然青睐瑞幸咖啡。2021年4月15日，瑞幸咖啡达成总额为2.5亿美元的新一轮融资。

可以说，瑞幸咖啡是一家"开了挂"的企业，不仅因为它从开业到上市仅仅用了18个月，也不仅因为它的扩张速度和门店规模，更因为瑞幸咖啡从诞生之时就开始构建的强大的企业"免疫力"。正因为如此，它才能够在以小博大和经历财务风波之后，依旧保持良好的增长势头。

1.精准的用户定位

瑞幸咖啡的崛起，本质上跟拼多多是一个道理，其抓住了消费降级的红利，选取了一个高利润行业进入，用资本快速垒起一家现象级的企业。有人升级，有人降级，这是一个消费分级的时代。正如拼多多创始人黄峥所言，拼多多的核心竞争力"北京五环内的人看不懂"。瑞幸咖啡与星巴克同样受品牌定位影响，瑞幸咖啡打入了星巴克一直无法渗透的市场，甚至以更低的价格抢占了原本属于星巴克的一部分市场。

除了价格方面的定位，瑞幸咖啡最成功的一点在于年轻化的品牌定位，不仅定位了自己，还定位了对手，从而凸显自己的年轻时尚。此外，它的营销模式、社交裂变也是非常吸引年轻人的"套路"，推出首单免费、拉一赠一、半小时配送不到免单等优惠活动和"网红"饮品，通过微信、小红书等社交媒体在年轻人群体中引发讨论，激发年轻人的分享欲，增加好感度。这也为提升品牌的知名度、美誉度提供了助力。

此外，在瑞幸咖啡 APP 的"潮品"商城中，还针对各类型用户上架了大量品牌 IP 联名的商品。例如，与国际知名卡通形象 LINE FRIENDS 联名设计了一系列咖啡礼包、马克杯、口罩、抱枕等，还专门为年轻女性定制了暖宝宝（如图 1-6 所示）。瑞幸咖啡在增加线上商城存货单位（SKU）的同时，也通过跨界联名的形式制造了营销话题，更好地与年轻用户沟通，拉近了与用户的距离。

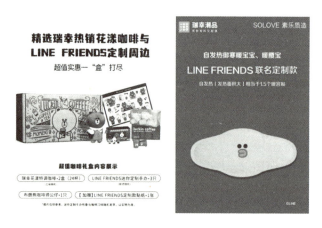

图 1-6　瑞幸潮品与 LINE FRIENDS 联名的商品

2. 坚定实施用户在线化

瑞幸咖啡是一家从诞生之初就开始执行"用户在线化"的企业。用户要想在瑞幸咖啡消费就必须下载瑞幸咖啡 APP 或者关注瑞幸咖啡的公众号，并使用电话号码、微信号等进行注册。这是瑞幸咖啡实现用户在线化的第一步。用户在线化策略让瑞幸咖啡与每一位用户都保持了密切的连接，也为其布局私域流量体系提供了可能性。

常喝瑞幸咖啡的朋友应该都发现了，从2020年起，在瑞幸咖啡APP下单后会弹出一个邀请加好友的页面，按照要求操作之后会成为瑞幸咖啡首席福利官的好友，而这是一个企业微信账户。将用户从APP向企业微信账户迁移是瑞幸咖啡布局私域流量体系的重要举措。

瑞幸咖啡的首席福利官会向用户发送一个"入群领取4.8折全场饮品券"的消息，引导用户加入附近瑞幸咖啡门店的微信群。每天早中晚，瑞幸咖啡官方都会在群里发放优惠券。这是瑞幸咖啡继新用户送券、下单返券、开屏送券、不定期派券之后又一派发优惠券的渠道，也是与用户连接得更紧密的渠道。除了下单引流，瑞幸咖啡的官方微信、瑞幸咖啡的门店，也都会向这些门店的微信群导流，不断完善瑞幸咖啡的用户在线化和私域流量体系。现在，这些社群已经成了瑞幸咖啡第三大订单来源。

企业微信上线后仅3个月，瑞幸咖啡就组建了超过9 100个用户福利群。到2020年7月，瑞幸咖啡的私域用户已经超过了180万人，每天贡献直接订单量3.5万余杯，通过群内信息提醒促单10万余杯。目前，入群的人数还在以每月60万人左右的速度增加。瑞幸咖啡市场团队透露："普通消费者变成社群用户之后，月消费频次提升了30%，周复购人数提升了28%，月活跃用户人数（MAU）提升了10%左右。"

实现用户在线化不仅能够帮助企业了解自己的用户是谁、在哪里，还能够让企业随时随地找到用户、连接用户，迅速与用户交互。后疫情时代的市场环境对企业的用户在线化提出了更高的要求。企业只有做到了用户在线化，才能建立自己的私域流量体系，才能在危机来临时尽快实现业务的线上转移。

3. 借力社交工具和数据化营销技术

说一个我自己的经历。作为瑞幸咖啡的忠实用户，我常常遇到这种情况：每当我坐车到北京的某一个商场，刚下车，就会收到一条来自瑞幸咖啡的推送信息，"亲，你有一张3.8折的优惠券还没有用，可以到附近的门店去使用。"当我下了车，到了这个商场，一抬头看到了三家咖啡厅——星巴克、太平洋和瑞幸咖啡，这个时候我可能就会选择瑞幸咖啡，它及时地推送信息使我在这个场景中得到了提示。这是基于位置服务（LBS）技术的信息推送，借助这一技术，企业可以实现对用户的激发。

毫无疑问，借助社交工具和数据化营销技术，实现企业指数级的增长和突破在今天成为可能。瑞幸咖啡除了采用LBS技术推送信息，还在诸多方面进行了技术与工具的创新与升级。例如：对APP页面、功能等的完善和调整，帮助瑞幸咖啡为用户提供更好的交互体验，增强用户黏性；以及前面提到的瑞幸咖啡对企业微信的运用等。

现在，越来越多的企业和品牌逐渐觉醒，将"数智化"定为未来发展的重要方向。日益精细化的互联网产品工具为企业提供了更加便捷的营销和运维方式，为行业再次赋能。技术与工具的发展并非对传统企业毁灭性的颠覆，相反，它们推动了传统企业的重塑，帮助传统企业实现了增长的突破，甚至刺激了第二增长曲线的出现。移动互联网时代，不仅是瑞幸咖啡，任何一家企业都应该用更高效的方式，提供更优质的产品和服务。

从瑞幸咖啡的案例中可以看出，扎实的产品基础、精准的用户洞察、符合时代特征的渠道布局以及新锐的技术工具和果断的执行力，都是有助于企业构建"免疫力"的必要因素，是它们让瑞幸咖啡度过种种困境。正如前面提到的，从用户角度出发的"体验力 × 运营力 × 数智力"才是衡量企业竞争力的标准。而这一切回归到根本，正是时代对企业提出的要求：从经营产品到运营用户。

迎战渠道革命，用户主义是制胜武器

北京大学国家发展研究院 BiMBA 商学院院长陈春花老师曾说过，数字化时代带来的冲击不仅是加速度，而且是非连续性的断点，随之要求整个商业逻辑的改变。而商业逻辑的改变需要更新底层的认知框架——从"求赢"的竞争逻辑转变为"寻找生长空间"的共生逻辑。这二者的差异在于：前者以企业为中心，考虑如何战胜竞争对手；而后者以顾客为中心，寻求与顾客共生的广阔空间。陈春花老师将这套战略逻辑称为"顾客主义"。在这套逻辑中，顾客是考虑所有问题时的出发点。当顾客成为共创的主体、改变了价值创造和获取方式后，可能导致爆发式（而不仅是线性）的增长。她认为，把顾客体验做到极致，美好的事情就会发生。

我一直坚信的"用户主义"与陈春花老师的"顾客主义"不谋而合。因为在充满不确定性的 VUCA 时代，用户或许是我们唯一可以确定的。在这样的市场环境中求生存和发展的方法，归根到底只有一个：从用户角度出发构建企业竞争力，从用户的视角去思考问题。用户喜欢的，企业不仅要做，还要做到极致；用户不喜欢的，企业应迅速剔除或迭代。可以说，如果没有用户，一切营销都是空谈。

● 用户终身价值和一千个铁杆粉丝原理

互联网和移动互联网时代的到来，是一次表面悄无声息，实质轰轰烈烈的革命。第一，社会化媒体打破了传统信息不对称的局面，网络的聚合作用使得众多用户得以瞬间聚散，用户和企业双方的力量关系发生了逆转；第二，在传统营销时代"高举高打 + 地面推进"的传播方式失灵，用户不再信任传统媒体灌输给自己的内容，而是更加看重圈层内的意见；第三，传统的品牌打造路径从"先有知名度，后有美誉度"变成了**"先有美誉度，后有知名度"**。基于此，品牌资产被重新定义了。在移动互联网时代，品牌资产代表着所有用户认知的总和。如今，在消费时，已经很少有用户去关注企业的规模，他们更在意品牌的实质内容。如果品牌不能给他们带来良好的体验，实现精神契合和引起情感共鸣，即使是大企业、大品牌，在他们眼中也仅仅是一个商标而已。

当下，用户与企业的关系发生了反转：用户从被动接受变为主动寻找和选择，也拥有了前所未有的甄别能力和话语权。因此，企业必须将运营重点聚焦于用户，以用户主义应对不确定的市场环境，将用户转化为粉丝、转化为忠实用户，这要求企业和品牌反思和认识到用户终身价值的重要性。

1. 什么是用户终身价值

所谓用户终身价值（Customer Lifetime Value，简称 CLV），就是每个用户在未来可能为企业带来的收益总和，一辈子能为一个品牌贡献的价值总和。它由三部分构成：历史价值、当前价值和潜在价值。这种价值不仅包括用户购买产生的直接消费价值，而且还有用户向朋友推荐、介绍产生的二次购买价值、传播价值和口碑价值。

我给大家举一个简单的例子来形象地说明什么是用户终身价值。

我有一个同事，他是可口可乐的"铁粉"，他平均每天要喝一大瓶6元的可口可乐，如果按照50年的消费生涯计算，他的用户终身价值 =6×365×50=109 500（元）。真是不算不知道，一算吓一跳。结合乔·吉拉德的"250定律"（即每一位用户身后，大体有250名亲朋好友。如果品牌赢得了一位用户的好感，就意味着可能赢得250个人的好感；反之，如果品牌得罪了一位用户，也就意味着可能得罪250位用户）。理想状态下，假设我这位同事可以将他身边的250个人发展为像他一样的忠实用户，那么，他的用户终身价值又将增加250倍。乔·吉拉德总结这个250定律时，还没有移动互联网和社交媒体。也就是说，"用户终身价值"在今天已经产生量级变化。

通常，影响用户终身价值的主要因素有以下六个方面：用户初始购买的收益流；所有与用户购买相关的直接可变成本；用户购买的频率；用户购买的时间长度；用户购买其他产品的偏好及其收益流；用户向好友、同事及其他人推荐的可能、适当的贴现率。

过去，用户终身价值是由用户的消费频次、单次购买数量、消费单品的价格和消费时长共同决定的。进入移动社交媒体时代后，传统意义上的推荐和传播价值随着个人影响力从线下到线上的扩张，覆盖的人群规模和效果被无限放大，用户终身价值也被无限放大。今天的用户终身价值还与用户分享频次、用户影响力指数和用户分销数量紧密相关（如图1-7所示）。换言之，在移动社交媒体时代，影响力越大的用户，其用户终身价值就越高。这也对企业提出了更高的要求：不仅要重视用户终身价值，还要进行精准的用户识别与用户分级。

用户终身价值（CLV）= 消费频次 × 单次购买数量 × 单品价格 × 消费时长 × 分享频次 × 影响力指数 × 分销数量

图1-7 用户终身价值公式

在2017年的跨年演讲中，罗振宇就提到："曾经的互联网，就像一个伊甸园。到处是飞禽走兽，到处是食物。大量的人口涌入互联网，那个时代用流量思维，也还合理，但是随着流量越来越贵，我们不得不走出伊甸园。那种伸伸手就能在树上摘果子的时代，再也不会回来了。"在罗振宇看来，我们必须"从狩猎采集的时代，进化到农耕时代。"换句话说就是"从流量思维向忠实用户思维过渡"，这里的"忠实用户"也就是我所说的终身用户。**"从流量思维向忠实用户思维过渡"意味着回归用户终身价值，回归用户思维。**

2. 一千个铁杆粉丝原理

凯文·凯利提到过"一千个铁杆粉丝"原理，其要点是创作者，如艺术家、音乐家、摄影师、工匠、演员、动画师、设计师、视频制作者或作家——任何创作艺术作品的人——只需要拥有一千个铁杆粉丝便能糊口。这里的铁杆粉丝是指，无论你创作出什么作品，都愿意第一时间付费购买、为你宣传，并迫不及待地要欣赏你的下一部作品的粉丝。

其实，铁杆粉丝就是具有终身价值的忠实用户。 随着互联网流量红利的枯竭，回归用户终身价值成为必然。对用户终身价值的反思和重新重视，意味着品牌与用户关系的持续深入——从普通用户到忠实用户，再到终身用户。一个企业只需要维护好这样的用户，就可以很好地生存下去。但在此之前，企业需要从众多用户中找到这"一千个铁杆粉丝"。这就要求企业对用户进行识别和分级。

对用户分级，并非简单根据消费频次或单次消费金额进行判断，而应该以每位用户一年内的累计消费金额及其终身价值作为参考依据。根据用户的年度累计贡献值，我们可以由高到低初步将其分为四类（如图1-8所示），分别为铁杆用户、稳定用户、尝鲜用户和触达用户。其中，第一级的铁杆用户占比最少，仅占全部用户的2% ~ 5%，他们对品牌的忠诚度最高；第二级是占全部用户的15% ~ 18%的稳定用户，他们的消费频次和消费金额都很稳定；第三级的尝鲜用户，即与品牌初步接触，初次购买和使用品牌产品的用户，这部分用户通常占全部用户的30%左右；第四级的触达用户则是品牌营销覆盖过的、对品牌仅有基本认知的用户。在互联网和移动互联网发达的今天，简单地点击关注就能成为一个品牌的粉丝，因此触达用户在总用户中的占比最高，达到50%左右。显然，这是一个金字塔形的用户分级模型。值得注意的是，铁杆用户和稳定用户虽然在总用户中仅占20%，但几乎贡献了一个企业超过80%的利润，他们也是为企业提供更高终身价值的人。而尝鲜用户和触达用户合计贡献了约20%的利润，其中触达用户所贡献的利润几乎可以忽略不计。这个数据符合经典的"二八法则"，显然，位于金字塔上层的铁杆用户和稳定用户才是值得企业提供更高级别服务的人群。

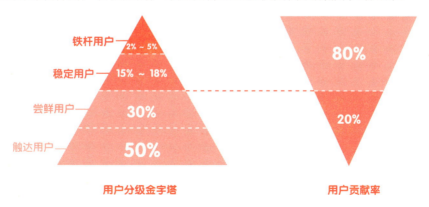

图1-8 用户分级金字塔及用户贡献率

丽思·卡尔顿酒店是全球首屈一指的奢华酒店品牌，自20世纪创建后，就是名门政要常选的下榻之处。它有一句流传已久的座右铭被誉为经典：我们以绅士淑女的态度为绅士淑女们忠诚服务。一个世纪以来，丽思·卡尔顿酒店的服务始终保持着业内顶级水准。其为每一位忠实用户建立"梦之队"，策划各种取悦方案，不停超出用户期望。同时，丽思·卡尔顿酒店建立了全球共享的忠实用户档案数据库，记录用户的喜好以便为用户定制服务。丽思·卡尔顿酒店的每名员工每天都握有2 000美元的处置权，用以为用户送上生日香槟或购买鲜花布置房间等。

丽思·卡尔顿酒店的常客能享有更多服务。正是种种对忠实用户的区别对待，让丽思·卡尔顿酒店的常客感受到了强烈的存在感和被重视的感觉，从而产生持续的消费行为和主动的传播行为。而这样的区别对待，也帮助企业深度挖掘用户终身价值，建立起企业与用户之间的情感连接。

丽思·卡尔顿酒店之所以坚持为忠实用户提供更高端的服务，是因为坚信只要使这些忠实用户满意，就一定会带来增长。在这一过程中，其做了两件事：一是识别忠实用户，二是更好地服务忠实用户。

长久以来，在对待用户的标准上，很多企业都坚持着"一视同仁"的服务准则，实际经营中却问题百出。对用户进行识别和分级，才是企业必须要做的事。当然，识别出忠实用户并为他们提供区别化的服务，并不意味着对其他层级用户的放弃，其他层级用户也可以为企业树立口碑，在未来甚至有可能成为企业的忠实用户。因此，**在对待用户上，企业要努力为所有用户提供优质的服务，同时为忠实用户提供更高级别、差异化的服务。**

正如丽思·卡尔顿酒店的待客之道，有目的性地区别对待用户才是对企业更有价值的服务原则。因为每一个用户都想要被特别对待，对于他们来说，这是值得告诉别人的"社交货币"。而用户的每一次主动传播都可能为企业带来新用户。

在任何时代，只有做好用户运营才能够更好地激发用户产生终身价值。对于所有用户而言，"你越懂我，我越爱你"是不变的真理。企业对现有用户进行识别和分级，为忠实用户提供更高级别的服务，才能生成口碑，实现企业与用户的双赢。

● 从深度分销到深度粉销，一字之差抵千军

移动互联网工具的普及和技术的崛起引发了当代最深刻的媒介变革，而媒介决定了营销的最大效率。因此，在这场轰轰烈烈的媒介变革中，营销界也迎来了史无前例的挑战和机遇。

1. 传统的深度分销

20 世纪 90 年代中期，面对宝洁、可口可乐等跨国企业的竞争，我国本土企业创造性地提出了深度分销理论。所谓深度分销，就是根据我国销售渠道的多层级、零散化特征，最大限度地实现渠道下沉和终端掌控，以"渠道驱动"来对抗跨国企业的"品牌驱动"。深度分销是传统营销体系的基石，借助这一理论利器，一大批我国本土企业在中心化媒体时代不仅在与跨国企业的对抗中存活下来，而且一路做大做强，甚至成为行业领头羊。

传统深度分销模式呈金字塔形，从上到下为企业—经销商—二级经销商—终端—用户（如图 1-9 所示），对于企业来说，在通路层级上只有数量的差别。其特点就是通过人海战术，无缝覆盖尽可能多的终端，实现"三到"：看得到（生动化陈列）、听得到（终端推荐）、买得到（铺货

率高）。我国多层级和立体化的市场中，由品牌主导的渠道价值链在很长一段时间内都占据着重要地位。在国内家喻户晓的 OPPO、VIVO 手机和娃哈哈、六个核桃饮料等，都是靠传统深度分销模式打下自己的江山的。可以说，传统深度分销模式是一个市场的客观环境下的产物。

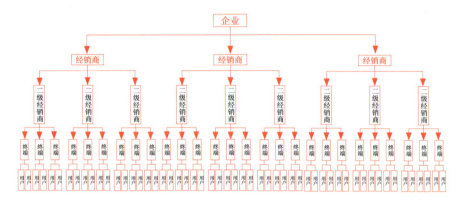

图 1-9　传统深度分销模式

但移动互联网时代的到来让传统深度分销模式的弊端日益暴露。

首先，传统深度分销模式对人力成本的要求极高。分销的程度越深，需要的人员就越多，对人工的投入就越大。尤其是当今我国人口红利递减，劳动成本大大增加，很多原本只做分销的快消品企业的人事费用率早已超过了业界通用的 7% 的警戒线。此时，传统深度分销模式不仅无法再为企业带来增长，还可能成为压垮企业的重担。

其次，传统深度分销模式的人员变动成本高，灰色营销导致人员管理失控。增加员工容易，但管理员工很难。一方面，传统深度分销模式涉及大量终端开发、维护、活动促销等成本，增加一位员工所带来的变动成本，往往高于固定成本 3 倍以上；另一方面，在缺乏有效远程员工管理系统的传统企业，员工的不可控性直接导致了灰色营销事件频发，侵害了企业的利益。

深度分销的模式决定了它必须是一个庞大的、系统的工程。对于已经成熟、有品牌背书的企业来说，深度分销是可行的；但对于大部分创业者和初创品牌来说，想依靠深度分销实现企业发展几乎是不可能的。深度分销需要依靠大量的人力投入去打通各级渠道，但由于品牌、资金等多方面限制，初创品牌在无品牌背书、无用户基础、无资金支持的情况下，很难解决与渠道、用户之间的信任链问题。

随着互联网及社会化媒体的发展，信息不对称的局面被打破，用户的话语权增加，并且变得越来越理性，灌输式的广告已经失效。而且最重要的是，线上下单越来越便利，用户的注意力有很大一部分转移到了线上，购买路径也发生了同样的转移。这导致的直接后果就是，线下终端的影响力和动销力急速下降。企业的营销环境发生了天翻地覆的变化，同时，我们进入一个个性化、小众化的时代。越来越多的新兴行业和品牌涌现，在它们从 0 到 1 的过程中，传统以渠道终端掌控为主的深度分销体系的弊端逐渐暴露，而移动互联网带来的媒介变革为企业的营销体系提供了新的解决方案。

2. 深度粉销：通过用户重塑信任链

传统深度分销模式的失灵本质上就是信任感打造方式的失灵。也就是说，传统的一对多大喇叭式的大众传播已经不能带来用户信任，企业和品牌必须寻找新的用户沟通方式。经历了大量案例的实践和论证，这个方式最后被我们找到了，它就是深度粉销——**让用户影响用户，而这也正是用户运营的根本逻辑。**

具体来说，品牌可以先引导一小部分高势能用户成为忠实用户，然后让他们通过自己的口碑帮品牌去宣传，连接更多的精准用户。这就像滚雪球一样，从一个原点开始，通过用户口碑不断吸引新的用户加入，随着用户忠诚度的提高，他们又会自发地为品牌宣传，以辐射和吸引更多新用户，最后雪球越滚越大。换言之，深度粉销体系（如图 1-10 所示）中，每一个用户都是终端，粉丝渠道化已经具备了成熟的运行基础。而传统的深度分销模式则由于其多层级、零散化的特征而显得低效与冗余。

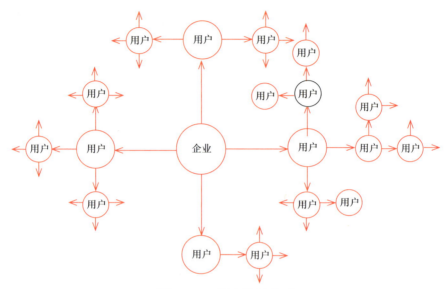

图 1-10　深度粉销体系

正因为如此，口碑如今已经成为品牌营销的主要驱动力，而口碑产生的基础就是用户。谁拥有忠实用户，谁就拥有口碑和传播势能。

在深度粉销模式中，让用户影响用户是塑造信任感最强、最有效的方式，而"信任链 + 推荐链"则成为这个时代十分高效的商业价值变现路径。在大众媒体诞生之前，商业的传播主要靠的是口口相传，它的转化效果毋庸置疑，只不过影响范围受到地域的限制。而互联网的诞生为这种最本真质朴的传播方式创造了无限扩大影响范围的条件。

信任是商业的基础。深度粉销模式正是通过用户运营，建立品牌与用户的信任关系。在信任的基础上，品牌可以深挖用户终身价值，让用户与品牌实现利益捆绑：首先是用户在销售上的支持，比如苹果、小米每出一款新品，都会得到忠实用户的支持；其次，用户还可以参与品牌的内部经营和营销传播，成为品牌的"编外职员"；再次，用户还能成为品牌的"护城河"，在危机时刻为企业助力。我们看到诺基亚、摩托罗拉这些曾经的手机业巨头已经被时代无情地抛弃了，苹果、小米却如日中天，原因就在于苹果、小米背后都拥有一大批坚定的忠实用户。他们与普通消费者最大的不同就在于其复合属性：他们不仅是消费者，还是品牌的忠实粉丝、传播者和捍卫者，对品牌有强烈的感情。

工业时代最贵的是地段，传统互联网时代最贵的是流量，而移动互联网时代最贵的一定是忠实用户。忠实用户将变成企业的核心资产和变现的基础。

● 经典案例　蔚来汽车：60% 用户自发为企业拉新的秘密

2019 年 10 月底的一天晚上，蔚来汽车（以下简称"蔚来"）的广告齐刷刷地出现在上海 12 000 辆出租车的广告屏幕上。正当大家议论纷纷，以为这是蔚来在大打刷屏广告的时候，却爆出这次营销的背后策划者和出资者并不是蔚来，而是一名蔚来车主。这位车主是一家车载显示屏广告公司的从业者。按市场行情来计算，这次广告投放的成本为两三百万元。

在蔚来内部，这被视为车主支持蔚来的经典案例。而且，这不是车主第一次为蔚来投放广告，也不是最后一次。全国各地有多位车主免费帮助蔚来打广告，打广告的位置不仅包括繁华商圈的户外大屏、高速公路广告牌，也包括车主自家店门口的招牌上以及自家酒店的电梯里。

关于蔚来，还有一组惊人的数据：疫情期间，蔚来 60% 的订单来自用户推荐；截至 2020 年 8 月，蔚来卖出 3 万台车，老用户转介绍比率为48%；蔚来的目标是转介绍订单比例达到 80%……

蔚来拥有如此高的用户转介绍比率，让人叹为观止。据了解，有的蔚来车主利用休息时间到蔚来的线下门店 NIO House（蔚来中心）或 NIO Space 做志愿者，帮助蔚来卖车；有的车主甚至个人举办了几十场试驾活动；还有的车主推荐了身边十几位亲朋好友购买蔚来汽车。蔚来创始人李斌透露，蔚来的新增用户中有近一半来自老车主的推荐。

如果评比最"疯狂"的车主，蔚来的车主必定榜上有名。这到底是一家怎样的企业，为何拥有如此巨大的魅力，可以让用户心甘情愿，甚至不计成本地为其宣传推广呢？

蔚来成立于 2014 年，由腾讯、高瓴资本、顺为资本与李斌、刘强东、李想等深刻理解用户的顶尖互联网企业与企业家联合创立，所以，蔚来与生俱来便具备了移动互联网的基因。创立 4 年之后，蔚来便在美股成功上市，成为第一家在美股上市的中国新造车公司。即使在移动互联网时代，这样的发展速度也是十分惊人的，而这份骄人业绩的获得，自然离不开广大蔚来车主的支持。

有观点认为，蔚来的用户和蔚来的关系已经超越了"普通消费者 VS 品牌"的关系，而是呈现出"支持者 VS 被支持者"的迹象，这一切都源自蔚来强大的用户运营能力。蔚来的用户运营分为线下和线上两大区域。

1. 线下：用 NIO House 为用户创造一种新的生活方式

从常规意义上来说，NIO House 就是蔚来的 4S 店，但是除了展车、销售的功能以外，NIO House 还扮演着很多不同的角色。据了解，一个完整的 NIO House 主要有 7 个功能，但除了具备展车功能的 Gallery 区域

（展示体验区）以外，更多的空间并不对外开放，而是只提供给车主休息、学习、看书或者喝咖啡，甚至是用作儿童乐园和共享办公空间。

因此，从某种程度上来说，NIO House 更像是一个蔚来车主的私人社交俱乐部或者私人会所。在这里，车主可以喝到特制的咖啡，可以学习到一些诸如插花、咖啡制作等兴趣课程，还有专人帮助看管小朋友。车主还可以在这里租会议室开会或者举办活动等。

有很多车主认为蔚来的服务可以与海底捞媲美。海底捞的服务之所以好，是因为敢于向一线服务人员放权，比如服务人员发现用户喜欢吃某种零食或水果时，有权将其赠送给用户。而在蔚来也是如此，每个月蔚来会给员工发放几十张咖啡券，如果用户过来时自己的券用完了，服务人员就可以请用户喝一杯咖啡。

据了解，2019 年蔚来全年用户活动多达 16 000 场，很多用户慢慢开始把 NIO House 当作自己生活的一部分。而这正是蔚来与用户构建信任关系的重要一步。

2. 线上：将用户与品牌"捆绑"在一起

蔚来的服务当然不仅仅体现在重金打造的线下部分，在线上，蔚来同样打造了一个以蔚来 APP 为核心的俱乐部。

一般来说，传统汽车品牌与用户的情感曲线是先上升后下降的。也就是说，在购车之前，销售会十分卖力地为用户服务，但是交易一旦完成，这种服务也宣告终结，销售的精力会转移到新的用户身上。但是在蔚来，情况却大不相同。

第一，提供从用户角度出发的购车套餐。在蔚来购车，你可以在官网上查询到内容清晰、明码标价的服务无忧套餐。这个套餐为用户考虑到了保养维修、洗车、代驾等多种用车场景，为用户减少了麻烦、节省了时间。此外，套餐中还增加了上门取送车辆、缴纳保险等多种增值服务。这样周到贴心的服务避免了用户购车中的纠结和困惑，增强了用户对品牌的信任。

第二，多对一的用户服务，提升用户体验。资料显示，截至2020年3月，蔚来APP的注册用户已经超过130万人，日活跃人数接近20万人。在蔚来APP上面，用户不仅可以下单购买汽车，甚至可以与李斌等高管直接沟通。很多蔚来车主都对蔚来的服务赞不绝口。

从用户注册了蔚来APP那一刻起，就会有一名Fellow（针对订车用户的服务专员）为用户全程服务。蔚来的服务专员没有销售指标，只有对用户服务的考核，而这些考核基本都来自用户的真实体验。在交车后，蔚来还会为用户成立多对一的用户专属服务微信群，由各个领域的各级工作人员共同服务一位用户，并由专门的部门后台管理，确保用户发出消息2分钟内必定收到反馈。这种与用户沟通的良性循环，是绝大多数企业做不到、也没有意识去做的。

第三，建立社群，与用户深度连接。李斌曾表示，蔚来最终的目的是要为用户创造"生活圈"，有车之后的社群生活才是蔚来努力的方向。事实上，通过蔚来APP和蔚来车主的线上社群，蔚来已经与用户建立了密切的连接，用户与用户也成了朋友，并将这种连接从线上扩展到线下，一个个高活跃度、高质量的社群由此产生。

第四，搭建用户积分系统，实现与用户的利益捆绑。2018年8月5日，蔚来正式公布了与用户的共同成长体系——蔚来值。值得注意的是，这套积分体系是蔚来结合广大用户的意见来设置的。蔚来值用于记录每位蔚来车主对蔚来的贡献，车主可以通过产品购买、用户发展、效率提升、社区推广、特殊贡献等方式获得积分与升级。蔚来值的权益表现为积分奖励加成和各种蔚来内部活动的投票权、优先权等，而购车（1 000分）与推荐购车（200 分 / 台）是当前蔚来值升级最快的方式。这套积分体系极大地激发了蔚来车主向他人推荐购车的意愿，也是蔚来超高的用户转介绍率背后的秘密。

蔚来用心的用户运营自然得到了车主的真心回报，蔚来的车友会与其他汽车品牌的车友会相比，在活跃度、凝聚力和行动力上都高出很多。

除了前面提到的为蔚来免费投放广告、做销售志愿者、积极转介绍以外，蔚来的车主还会自发参与蔚来的 NIO Day（蔚来产品发布会）。比如，2019 年年底，蔚来举办了第三届 NIO Day。当时的蔚来正处于资金链的重压之下，前两届 NIO Day 都是蔚来主办的，而这一届许多车主却自发参与了组织。无论是充当机场志愿者、赞助现场饮用水，还是当晚节目的脚本创作、节目编排到视频拍摄的每一个环节，都是由 65 位蔚来车主组成的"用户顾问团"完成的。

蔚来之所以能够在资金链的重压之下挺过来，很大程度上是得益于越来越多忠实用户的拥护和支持，而他们就是不断为蔚来注入活力、创造价值的源泉。在用户与企业的共同努力下，2020 年，蔚来成功获得了来自合肥市政府的投资，并与中国建设银行安徽省分行等六家银行达成战略合作，未来可期。

这让我想到李斌的一句话，他说："最值钱的商业模式是不断用创新技术来改善人的情感体验。"蔚来在与用户接触的各个环节，都做到了建立与用户的情感连接，促进用户与品牌之间的价值传递，深挖用户终身价值。这正是深度粉销的体现。

第二章

CHAPTER2

从用户到渠道：

狙击痛点，以用户运营战略打通全域营销路径

　　从流量思维到留量思维，从深度分销到深度粉销，我们的商业价值链发生了彻底的变革。如果说，流量时代的价值链是单向的拉新到成交两步走，留量时代的价值链则是"拉新—成交与用户沉淀—用户运营—社交裂变"的正向循环。社交裂变作为全新商业链中至关重要的一环，值得我们加倍重视。

随着社交媒体的发展，"私域流量"成为当下营销界热门的概念与话题。因为，可随时触达、可自由控制、可反复使用的私域流量是激发社交裂变的关键所在，何况是在这个流量获取越来越难、越来越贵的时代。

但随着大家对私域流量关注度和参与度的提高，关于粉丝营销、用户运营的疑问也随之而来。很多人问我：为什么疫情期间格外火爆的微信群逐渐沉寂了？为什么微信号添加了大量好友，朋友圈高频更新，却极少实现付费成交？为什么私域流量增长到一定程度就很难进一步突破了？为什么很难激发私域流量池中的用户分享与裂变呢？很多人因此提出了质疑，认为粉丝营销做不大，私域流量上限低。

事实并非如此。在我看来，出现以上问题的原因主要有三点：第一，对私域流量的认识不到位，误以为私域流量就是一个微信群或是一个社交账号；第二，对用户运营的执行不到位，误以为加好友、打折促销就能激发裂变；第三，对全域营销的意识不到位，误以为做了私域营销就可以忽视公域营销。也就是说，很多人做私域流量只限于在自己的一个私域流量池，始终无法破圈裂变，而无法裂变的私域流量只会走向枯竭。

真正要做好深度粉销，必须以用户运营战略打通全域营销路径。今天我们判断一个企业能否应对商业市场的风云诡谲，能否形成抗击风险的坚实壁垒，很多时候是看它是否有觉悟、有能力去打造一个以用户为核心的全域营销体系，实现用户粉丝化、粉丝渠道化、渠道社群化的良性循环。

用户粉丝化是第一步，即将用户从公域平台吸引沉淀到私域流量池中，通过用户运营不断提高他们的忠实度，把用户转变为忠实用户；**粉丝渠道化**是第二步，是在用户粉丝化的基础上，对忠实用户进行筛选、分级，并对其中有能力的用户进行渠道化引领，让他们成为企业的新渠道，这也是打通全域营销路径中最核心的一环；**渠道社群化**是第三步，是通过跨界合作、KOL 的影响力等，帮助已经渠道化的忠实用户进行社群化运营。做好以上三步，才能形成从用户到忠实用户、从忠实用户到渠道推广的营销通路，激活企业全新的渠道价值。

可"预谋"的品牌狂欢：全域营销＝公域营销＋私域营销

营销界流传着一个"2-20-80"法则，说的是每个品牌都有 2% 的铁杆用户，他们自身就能为品牌贡献 20% 的整体销量。与此同时，他们还会利用自己的影响力去影响身边的亲朋好友，通过对用户终身价值的深挖，最终共同为品牌带来约 80% 的整体销量。这与之前在用户分级金字塔中讲到的类似，品牌 2% ～ 5% 的铁杆用户和 15% ～ 18% 的稳定用户合计为品牌贡献了 80% 的利润。但如何找到并激发这 2% 的用户呢？这个问题困扰着许多企业和品牌。

2020 年下半年开始，我在和企业朋友交流中很有感触：过去大家对于渠道转型态度不温不火，但疫情后突然变得非常迫切。显然，单一渠道在当下市场环境中举步维艰，全域营销和渠道转型已经势在必行。

所谓全域营销，就是公域营销与私域营销的集合。具体来说，企业可以将公域平台的流量通过用户运营转化为留存，沉淀到企业的私域流量池中，再通过对用户的识别、分级找出至关重要的 2% 的铁杆用户，为他们提供更高端的服务以激发他们转化与裂变，让用户带来用户，从而进入企业发展的良性循环。

本节我就带大家深入了解公域营销、私域营销和全域营销的概念，以及它们之间的区别和内在联系。

🔴 不可忽视的公域营销

所谓公域流量，即公共平台带来的流量，比如各大电商平台带来的流量，其中最典型的就是流量巨头 BAT（百度、阿里巴巴、腾讯），以及美团、拼多多、字节跳动等带来的流量。公域流量有三个特征：人人可用、有一定成本、不一定可持续。这三个特征决定了在公域营销执行的过程中，流量获取费用高，流量变现相对不可控。

公域流量就像是一个坐落在城市当中的大花园，对所有人开放，每个人都可以自由进出。公域流量不属于单一个体，而是归集体所有。而公域营销，就是在公域平台抓取流量，开展营销活动，这一直是营销人在做且擅长做的工作。通常，公域营销即通过线上＋线下的广告、公关事件、活动策划等触达每一处角落可能存在的目标用户，努力让用户形成品牌记忆、品牌认知。

在互联网尚未兴盛的时代，公域营销往往出现在传统媒体上，如电视、广播、报纸以及广告牌、实体空间等；但随着流量向线上的迁移和分散，公域营销也转向了线上。目前，常见的公域营销主要出现在以下五大板块：第一，电商平台，如京东、淘宝、拼多多等；第二，内容聚合型平台，如今日头条、腾讯新闻等；第三，社区平台，如贴吧、微博、知乎等；第四，搜索平台，如百度搜索等；第五，视频内容型平台，这类平台既包括爱奇艺、腾讯视频等综合性长视频平台，又包括抖音、快手等短视频平台。

一直以来，公域营销都是营销中极为重要的组成部分，尤其对于传统企业而言，每年对公域营销的投入占全年营销投入的 90% 以上。但在后疫情时代，公域营销的问题也逐渐凸显出来。

①在成本方面，公域流量越来越贵。特别是近些年，随着用户意识的觉醒，在公域流量平台上的获客成本越来越高，尤其对于资金实力较弱的初创企业而言，公域营销的性价比更低，品牌在此方面的投入也越发慎重。

②在营销玩法上，公域营销玩法简单且单一。在公域流量体系中，大多采用简单粗暴的广告投放、渠道拓展等方式拉新获客，但大喇叭式的大众传播已经很难再带来用户的信任。

③在用户稳定性上，公域流量基数大但流动性大。显然，公域营销拥有海量用户。但随着用户兴奋临界点的提升和用户注意力的日益分散，公域平台中的用户忠诚度低，极易流失。

④在变现能力上，公域流量变现能力较弱。虽然公域流量的获取方式相对简单，但往往投入与收效难成正比。因为公域平台往往会根据付费等级来制订推送计划，即使投入巨大，企业也很难通过"广撒网"的推广方式精准捕捉到有真实需求的目标用户。例如，一个考研在线教育平台在搜索引擎上进行推广，但每天使用搜索引擎的用户来自各行各业，需求各不相同，可能在 100 个访问用户中，只有 1 个对考研在线教育感兴趣、有需求。

基于以上情况，"直播带货"成为潮流。疫情的催化、5G 技术的发展和平台布局等诸多因素，促使越来越多的企业、品牌和个人主播进入直播领域。而借助公域直播的影响力，企业和品牌开始摸索到打通公域和私域的方法，逐渐找到了把公域直播中的粉丝转化为私域中可触达的目标用户的方式。

从头部主播李佳琦、互联网初代"网红"罗永浩到亲自为品牌站台的 CEO 主播代表董明珠女士；从各大"网红"直播间、让大众"野蛮消费"的鸿星尔克直播间，到昼夜不停、风格不一、各出奇招的各大品牌直播间……可以说，直播带货已经从营销工具和平台升级成了品牌运营的标配。

据《中国青年报》报道，2020 年 2 月淘宝直播新开播商家数量环比激增 719%。而其中，超过 90% 的直播场次都来自商家自播，70% 的商品交易总额（GMV）来自商家直播。

显然，因平台策略的改变和品牌自身的觉醒，公域直播越来越受到关注和重视，直播的价值得以重新评估。当然，基于后疫情时代的市场环境、用户需求，以及公域营销问题的暴露，企业和品牌迫切需要开辟一个全新的营销主阵地，以实现增长的突破。私域流量和私域营销逐渐走入我们的视野。

玩转私域营销

在 2018—2019 年吴晓波老师的跨年秀上，他提出私域流量就是 2019 年的新"风口"。在社交电商大放异彩的 2019 年，"私域流量"堪称最热门的网络词汇之一。新冠肺炎疫情发生后，私域流量更是被众多商家在获客与运营端争相抢夺。随着私域流量的火爆，越来越多的营销人开始研究它、探讨它。那么，究竟什么是私域流量呢？

简单来说，**私域流量就是能够被内容创作者主动掌握的流量，即通过个人的品牌、影响力等带来的流量。**它既包括微信生态内的流量，也包括各种免费的、可反复触达的流量，比如 QQ 群、微博等的流量。

私域流量并非新鲜出炉的概念。早在移动互联网及社交媒体尚未普及的时候，私域流量就已经存在。那时私域流量的主要载体是用户的联系方式，包括手机号码、邮箱、住址等，企业想与用户取得联系，可以打电话、发短信、发邮件，或者直接邮寄样品。随着技术的发展，私域流量的呈现形式也在不断演变，但归根结底，它在获客与变现方面的特点始终没变。

1. 为自己所用

举例说明，一家购物中心消费者众多，有人去服装店买衣服，有人去餐厅吃饭，有人去电影院观影，对于这些店铺来说，这些消费者就是公域流量。但如果这些消费者中，有人是某家店的 VIP 会员，他来购物中心的目的就是到这家店消费，那么，这位消费者对于这家店来说就是私域流量，这家店可以通过各种方式使这位消费者为己所用。简而言之，私域流量就是每个品牌可以自行利用的流量。

2. 可免费使用

在 BAT、美团、拼多多、字节跳动等公域流量平台上，获取流量的重要方式就是缴纳费用，比如广告费、提高搜索权重的费用、推广费等。但私域流量存在于企业自己的平台，如微信公众号、朋友圈、社群、微博账号等，在这些地方获取流量始终是免费的。

3. 可反复触达

如果在公域流量平台不缴费、不续费，很难实现对流量的反复使用。但因为私域流量的免费特性，所以它是可以反复使用和触达的。例如，当我们需要向用户传递一个促销信息时，就可以通过微信公众号、朋友圈、微博、微信群等多个渠道反复多次地告知。

基于以上特点，我们再回头想想之前提到的考研在线教育平台。如果某个微信公众号是以考研咨询、培训为主要内容的，那么它的关注者必然是有考研计划或关注考研的学生和家长。虽然一个公众号的关注者有限，但如果把这个公众号作为推广考研在线教育平台的首要阵地，那么100个关注者中可能有10个，甚至更多的人会去主动关注和了解。对比可见，**私域流量比公域流量更便宜、更精准，用户稳定性和变现能力也更强**。

后疫情时代，以运营私域流量为核心的私域营销已经成为一个实力强劲的变现渠道。它摆脱了中心化公域平台的流量裹挟，避免了获客成本日益增加给企业带来的巨大压力，以为自己所用、可免费使用、可反复触达的特点逐渐成为市场发展的必然趋势。

● 经典案例　完美日记：立好品牌人设，被用户追着"种草"

我的朋友圈里有一位美女好友。她的名字叫"小完子"，或许她也活跃在你的朋友圈里（如图2-1所示）。

她经常在朋友圈分享美食、妆容，流行的口红色号、时尚活动、变美秘籍，在她那里都能看见。每次刷到她的朋友圈，我都觉得赏心悦目，甚至还会被她"种草"，忍不住想跟着她"买买买"。毕竟没有人会不喜欢这样热爱生活、活泼可爱的女孩。

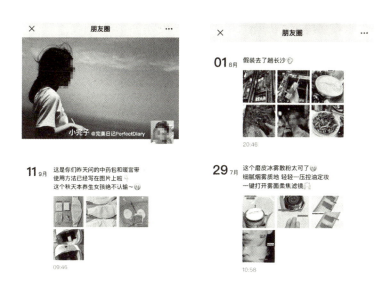

图 2-1 朋友圈中的"小完子"

虽然我已经把"小完子"当成了朋友圈中的一个好朋友，而且经常忍不住跟着她"买买买"，但我知道，我只是她的众多私域流量"鱼塘"中的一条"鱼"而已。

和活跃在朋友圈的微商不同，"小完子"的背后是国内美妆行业的黑马"完美日记"，而"小完子"正是隶属于完美日记的运营私域流量的关键意见消费者（KOC）。完美日记诞生于2016年，在2017年入驻天猫；2018年第一次参加淘宝"双十一"，销售总额就位列天猫彩妆排行榜第二，创造了90分钟销售额破亿元的成绩；到2019年，它已经击败兰蔻、雅诗兰黛等国际大牌，稳居天猫彩妆排行榜第一的宝座，成为"双十一"首个销售额破亿元的彩妆品牌。从初创到估值20亿美元，完美日记仅仅用了4年。

完美日记的"小完子"就是一个运营私域流量的KOC，而完美日记的崛起，依靠的正是对私域流量的高度重视和强运营。

1. 自建私域流量池

在企业微信号出现之前，以"小完子"为名的微信号预计有数百个之多。完美日记的"小完子"有完整的人设和严谨的运营，她的每一条朋友圈都经过专业团队的策划和审核，再分发到各个微信号上。以每个"小完子"的微信号上有 5 000 个好友，那么所有"小完子"的朋友圈好友总数已经达到百万级别。换言之，完美日记的私域流量"鱼塘"里有突破百万条"等待上钩"的"鱼"。

当你购买完美日记的产品后，会随产品一并获得一张"红包卡"。很多淘宝店家的"红包卡"是用来让你给好评返利的，但完美日记的"红包卡"会引导你按步骤关注完美日记官方公众号，关注"小完子"的个人号。接下来，"小完子"会邀请你进群和扫码添加小程序。这一系列操作后，你就会在"小完子完美研究所"这一微信群中，收获"好物"分享、妆容教学等优质内容，还能收到直播通知，参加抽奖活动。同时，你的朋友圈里也多了一位热爱生活、热爱分享，如同闺蜜一般的好友。

通过这些有温度、有价值的内容，"小完子"逐渐与你建立起亲密的情感联系，你正式成为完美日记私域流量池中的一员。这种情感的建立，就发生于朋友圈、微博、微信群、QQ 群、公众号、直播平台等私域中。**和传统公域营销不同，私域营销使品牌成为有血有肉有个性的"人"，你会关注品牌、信任品牌、追随品牌，成为品牌的忠实用户。**

当然，拥有自建"鱼塘"的意识和能力，只是私域营销的第一步，即只做到了用户粉丝化。正如本章开头讲到的，无法裂变的私域流量是做不大的。

2. 私域流量的裂变

完美日记深谙留量思维的核心。当"小完子"把用户聚集沉淀到自己的私域流量池后，还进行了各种留存转化，以实现裂变。

在"小完子"的私域流量池中，用户可以看到各种福利"秒杀"、活动推送和私聊推荐信息；用户还可以通过积分打卡、拉新返利、分享曝光等手段，为自己赢得更多好处。这种玩法的本质是一种简单但有效的"精准裂变"，通过对用户的精细化运营，实现对用户留存、转化、复购、分享、拉新的全生命周期的进一步挖掘。换言之，也就是通过利诱建立品牌与用户的深层次利益捆绑关系，使用户成为品牌的渠道。

当用户成为品牌的回头客，甚至推广大使、代言人时，才能让品牌与用户平等对话，才能搭建起互粉互助的桥梁，才能奠定用户裂变的基础，生意才能够生生不息。

从完美日记的案例中，不难理解为什么私域营销逐渐成为越来越多中小企业的重要营销方案。

首先，私域营销重构了品牌与用户的关系。这是一个信息碎片化、透明化的时代，因为越来越细分的商品品类，影响用户购买决策的因素也不同以往。在今天，用户往往会选择与自己有所关联的品牌或产品。而把用户从公域平台沉淀到私域流量体系中，将会让品牌与用户之间的情感连接更紧密、更稳固。

其次，社交工具与移动互联网技术让精准的私域营销成为可能。今天的用户不断在多屏之间动态切换，形成了以人为中心的多账号体系。因此，品牌获取私域流量的来源也越来越广。对于品牌而言，所有线上、线下成交过的用户，都能成为私域流量；所有关注过品牌公众号、微博等社交账号的用户，都是私域流量；所有加入品牌社群、微信群，添加店员工作账号的用户，也是私域流量。简而言之，品牌将面对海量的在线用户，也将面对高额的运维成本。而移动互联技术和智能终端的发展与普及为品牌应对这一困境提供了解决办法，其不仅将数据变为可量化、可视化的数据资产，也为品牌提供了精准的用户画像和用户分级依据。

在今天的市场环境中，运营私域流量更符合留量思维，能够为品牌积累更稳定的数字资产，更利于用户运营，营销效果更直接、更方便，因此变现也更精准、更容易。

公域流量靠"抢"，私域流量靠"养"。无论是习惯公域营销的传统企业，还是擅长私域营销的新兴品牌，如果将营销格局局限于单一领域，都很难突破发展瓶颈，容易陷入增长困境。

🔴 公域私域全打通，找准"爆品"逻辑

2018年11月1日，我的处女作《深度粉销》在京东正式上线。在这本书中，我第一次对践行的"深度粉销"思维进行归纳总结。我在书里对多年的从业经验进行了梳理，全面剖析了曾经操盘过的经典营销案例，总结了以用户为中心、回归顾客终身价值、建立用户信任链、维护品牌与用户之间强关系、用户运营三大黄金法则等至今依然有用、有效的观点和方法论，为营销人提供了整套经过实践检验的用户运营方法和工具，也为本书的升级迭代奠定了基础。

《深度粉销》线上销售启动的第二天，我正在粉丝群里发布这个消息，可是突然有很多粉丝告诉我这本书已经买不到了。距离这本书上线只过去了20个小时，怎么会断货呢？但更让我惊讶的事情还在后面。《深度粉销》继续创造佳绩，在上线后第7天获得了京东经管类新书销量的双料第一：一个是近一周销量第一，一个是24小时销量第一（如图2-2所示）。

我在这里讲这个案例并不是想说这本书本身有多好，而是想说，做营销的人有一种职业本能，我的书就是我的新产品。按照我倡导的粉丝营销法则，我把自己的粉丝当作核心层，给他们宣发我的新书上市的消息，他

们就按照自己的方式来宣传这本书：或发朋友圈，或当面直接推荐。总之，他们利用自身影响力，在自己的私域流量中设计了一些互动的方式：有人发朋友圈的时候会说，前 10 个评论的人，每人会得到一本书；还有的人在宣传的时候会说，如果有人买了这本书，可以私信自己领取一个小红包……

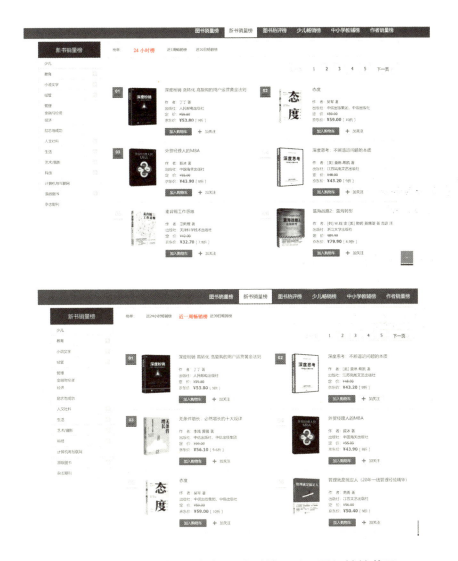

图 2-2 京东新书销量榜的 24 小时榜及近一周畅销榜截图

《深度粉销》上线 20 个小时便断货了，主要得益于这些核心层利用自身私域流量所采取的一系列动作。取得一定成绩后，平台就会给予赋能加持。后续，京东的所有图书类 banner 全部开始为这本书做推广，随着平台导入流量，这本书在近 30 日畅销榜中取得了第 2 名的好成绩。

在各种推广赋能之下，这本书在京东平台火了之后，当当图书的负责人也找到我，希望进行合作。紧接着，在 2018 年当当"双十二"图书大促销期间，当当 APP 的开屏广告连续三天都推荐了《深度粉销》，使其当年在当当的销量也非常不错。

这个案例是一个充分体现利用私域流量创造势能，从而在公域平台引爆影响力的案例。从《深度粉销》的引爆路径可以看出，它的影响力始于我的个人粉丝，也就是我的忠实用户，他们又利用自身的私域流量为我的书打造口碑。来自不同用户的私域流量最终形成了私域流量体系，形成了引起公域平台关注的影响力，为《深度粉销》争取到了公域平台的支持。一方面，私域流量体系中的口碑能够带来更多势能，从而实现从私域推广到公域的破圈；另一方面，公域平台的支持和关注又会引导公域流量进入我个人的私域流量池中。

事实上，**公域流量和私域流量始终处于循环流转之中**。对于企业而言，**一套完整的营销体系必须包括公域营销和私域营销两方面**。因为留量思维四步走中，需要我们从广阔的公域流量中获客，进而才能实现后续的成交与用户沉淀、用户运营以及社交裂变。只有将私域流量体系中积累的用户口碑通过社交媒体再次传播到公域流量中，才能不断实现新一轮的拉新，形成良性循环；否则，只会陷入增长瓶颈，把生意越做越小。公域营销与私域营销的融合，能帮助我们切实地做到不漏掉一个本该受到影响的人，更全面细致地找到用户，并通过反复触达实现对用户的识别、筛选与分级，最终通过用户运营提高用户忠诚度，实现"圈粉"的目的。

无论是习惯于公域营销的传统企业，还是擅长私域营销的初创企业，打通公域流量与私域流量，建立企业的全域营销体系都是企业发展过程中的共同目标。因为无论是私域营销还是公域营销，只做单一渠道在目前的市场环境中很难实现进一步的增长突破，全域营销势在必行。

2020年8月22日，格力电器发布的半年报显示：公司上半年实现营业总收入920.1亿元，同比增长30.3%；归属于上市公司股东的净利润为94.6亿元，同比增长48.6%。

作为国内传统的白电巨头，格力电器一直引以为豪的是以"区域销售公司"为中心建立的庞大线下经销体系，通过相互参股及销售返利，实现企业与渠道的深度利益绑定。在很长一段时期内，线下渠道贡献了格力电器整体营收的80%。格力电器是典型的深度分销体系的传统企业，它需要在传统媒体、电商平台、线下渠道等各种公域平台进行长期大量的投放，以保持分销体系的活力。因此，"好空调·格力造"（如图2-3所示）这句广告词也通过各种公域平台成了一代人的记忆。

图2-3　格力空调早期的广告词

但随着时代的发展，尤其是新冠肺炎疫情出现后，格力电器的线下分销渠道日渐疲软，传统的"红四月""五一大促"等线下大促均反响平平，为格力电器的营收带来了巨大的压力。面对增长困境，格力电器 CEO 董明珠开始积极寻求新的增长路径。2020 年 4 月 24 日，董明珠首次现身抖音直播间，迈出了格力电器拥抱私域流量、走向新零售的第一步。

从 2020 年 4 月 24 日到 2020 年 6 月 18 日，董明珠共进行了 5 场"直播带货"，销售额分别为 22.53 万元、3.1 亿元、7 亿元、65.4 亿元、102.7 亿元。其中，在格力电器的"智惠 6·18 健康生活家"主题直播活动中，董明珠创下了 102.7 亿元的销售记录（如图 2-4 所示）。至此，董明珠在活动期间的 5 场直播累计销售额超过 178 亿元，成为名副其实的"带货女王"。

其中在 6 月 1 日，董明珠第四次"直播带货"的销售额 65.4 亿元相当于格力电器 2020 年第一季度营收额的 21%，创下了家电行业的直播销售记录，也给看好"直播带货"的朋友打了一剂强心针。

图 2-4　董明珠直播战报

董明珠的"直播带货"并非一帆风顺。这一路突飞猛进的背后到底发生了什么呢？有人说，董明珠在抖音的直播首秀网络卡顿、内容尴尬，而之后的每次直播都有所改进：改善网络状况；与平台头部主播合作，吸引流量；送千万元补贴，进行最直接的价格刺激；还加入了科技测评，展示硬实力……这其中的每一点变化都基于上一次的直播中积累的经验，这些经验被运用到第五次直播中，才促使了董明珠"直播带货"的成功。

但深入观察，我们可以发现董明珠"直播带货"成功的原因除了平台的鼎力支持和"带货"方式的不断改进外，还有至关重要的一点：对私域流量的打造。

在仅依靠公域营销的时代，企业往往采取利益诱导、内容吸引、暴力添加、广告吸引这四种方式从公域平台抓取用户。今天，越来越多的企业意识到了获客成本不断增加，在公域平台上的拉新无法将流量转化为留量，无法挖掘用户终身价值，更无法让用户持续复购。流量来了，但留不住——这是大多数依赖公域营销的企业面临的问题。但如果企业能够从公域平台上抓取用户沉淀到自己的私域流量池中，就能够对这部分用户进行精准的运营，突破增长瓶颈，创造更大的营销空间。这也是董明珠"直播带货"的底层逻辑。

事实上，在 2019 年，"董明珠的店"注册分销店铺就已超过 10 万家，全年销售额累计突破 14 亿元，同比增长 660%。到 2020 年，格力电器要求旗下分公司开设抖音号、视频号等，促使经销商线上转型。同年 8 月，首家"格力董明珠店"线下店首次落地洛阳，实现了"线上下单＋线下体验"的新零售闭环。

显然，董明珠的做法不只将公域流量导入私域流量池这么简单，她还在此基础上实现了进阶，即将 30 000 多个经销商、终端的流量都引到了线上。换句话说，董明珠构建的不只是单纯的私域流量池，而是一个私域流量体系。这是一个人和一个团队的区别。董明珠的做法真正调动起了由经销商组成的团队，再让这个团队帮她把所有人、所有店的私域流量带到直播平台，最终达到惊人的效果。这种操作本质上是先 to B 再 to C，to C 之后再给 B 端分利润。这样才能够将流量最大化、私域流量最大化、私域流量价值最大化。

全域营销并不是对传统互联网营销策略的颠覆，而是对它的延伸和进化。它是线上与线下的融合，是传统与现代的融合，并通过这种融合打通高效的全域营销路径。

因此，无论是通过打造"爆款"产品去公域中引流，把用户吸引到私域流量体系中，还是在私域流量体系中打造口碑，进而在公域中实现社交裂变，本质上都是公域与私域的融合。当公域与私域融合之后，就会形成一个混合交叉的融合模式，进而建立起基数大而有效的用户数据资产。如此一来，不仅能增加产品流通量或收益，同时还能挖掘更深层的数据池，为企业及企业产品升级迭代奠定坚实的决策基础。

用户粉丝化：高转化、高复购的三大黄金法则

深度粉销就是要建立和维护品牌或企业与用户间的强关系。对于传统企业而言，如果不能将用户转化为具有粉丝属性的忠实用户，那么在工业化时代建立的品牌资产就有可能付之东流。同样，对于互联网企业而言，如果不能建立起以用户、社群为基础的品牌基石，便不具备发展、壮大的能力。将用户变为忠实用户绝非易事，在弱关系和强关系之间，横亘着一面墙，不少企业试图穿墙破壁，但是否真的有一种隐匿的力量能够打破这面墙呢？

在我的上一本书《深度粉销》中总结了用户运营的三大黄金法则，即使商业市场瞬息万变，在以用户为核心的时代，这三大黄金法则也不过时：一是圈层化，找出核心目标用户群体很关键，因为不可能让所有用户都成为忠实用户；二是情感化，用情感共鸣打动核心目标用户群体；三是参与感，让用户参与关键节点的产品讨论和品牌建设。**三大黄**

金法则是用户运营中的万能公式，也是实现用户粉丝化的关键所在。

圈层化：社会化营销的底层逻辑

圈层作为社会化媒体营销中最基本也是最重要的概念，决定了我们商业思考角度的转变。在过去我们的生意是广撒网，而现在开始思考品牌和拥护者、和用户的关系，开始重视圈层的力量。

移动互联网时代，人群越来越细分，圈层化特征日益显著。这是一个以人为逻辑的时代，用户以不同的标签聚集于各大新媒体平台中。有人说，时代打破了信息不对称的局面。实际上，在今天，圈层内的信息不对称局面虽然被打破了，但圈层之间的认知不对称却逐步显现和加剧。

1. 用户运营三大圈层定位

在大多数情况下，传统意义上的市场细分是一种非人格化的市场划分。这种细分通常是站在厂家角度进行的，主要按照用户的性别、年龄、社会角色进行市场切割和划分，然后确定产品的目标用户群体。

而在互联网时代和移动互联网时代，用户个性化需求凸显，因此，市场细分被圈层取代。伴随社会化媒体的发展，如今各种小众需求也可以得到前所未有的清晰表达。从小众到大众已经成为新的流行扩张方式，在这种潮流之下，圈层已经成为一种带人格化特征的用户细分方式。

用户圈层可以分为核心层、影响层和外围层（如图 2-5 所示）。核心层就是我们最初撬动的那一小波核心人群，他们是产品和品牌的拥趸，黏性最强；影响层则是我们觉得有影响力的一群 KOL；而外围层，就是最后被影响到的更大范围的人群。

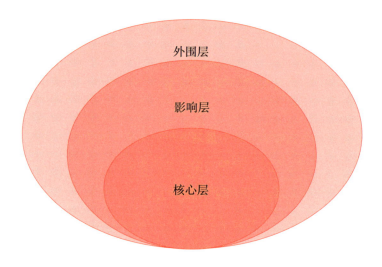

图2-5 用户圈层：核心层、影响层、外围层

（1）核心层

一般来说，**核心层是对产品和品牌最有兴趣的一个群体，也是痛点最为清晰明确的一个群体。他们是最有可能转化为忠实用户的人，是粉丝"基本盘"的来源，也是整个深度粉销体系的基石。**

我们应当充分认识到，用户运营是需要梯级发展、连环带动的，让用户影响用户，圈层递进，才能最大化用户的能量。**核心层的衡量标准主要有两个维度：一是功能需求，二是情感需求。**功能需求就是要求寻找到的用户与产品的物理属性相匹配，情感需求就是寻找到的用户与产品在情感、心理层面相匹配。

（2）影响层

确定核心层只是一个开始，接下来还要找到影响层。影响层是核心层外围的更大范围的粉丝群体，其准入条件相对核心层要宽松一些，主要是相关领域的KOL（关键意见领袖）。

关于KOL，我提炼了四个评价标准：专业度、影响力、爱尝鲜、爱分享。

专业度，即与产品的匹配度，并对产品有独特的见解。影响力，即可以影响的人群范围和口碑转化率。需要注意的一点是，传统营销思维中往往把明星、"网红"、"大V"当作影响层，即我们常说的KOL。但随着社交媒体的崛起，普通用户的影响力也逐渐扩大，KOC（Key Opinion Consumer，关键意见消费者）应运而生。相较于KOL，KOC的粉丝数量较少、影响力较小，但往往所在领域更垂直，与用户的关系也更近。KOC可以是你身边的普通人，只要他的话有人听、有人信，能够影响到一定的人群。爱尝鲜，即有好奇心，有尝试新产品的欲望和冲动。爱分享，即愿意将自己喜欢的东西分享给他人。这里还暗含了一个要求，即对分享人的创意水平——组合视频、文字、图片等信息的能力的要求。在社交媒体时代，只有有趣、有内容的信息才会被大家记住，因此这一要求很重要。

从核心层到外围层的扩展中，通常使用KOL和KOC来作为媒体渠道，需要适当地选择有影响力的个人和社群进行合作。在这一过程中，必须进行适当的筛选，因为从销售角度来看，有些社群很难提高转化率。

（3）外围层

品牌有三个"度"，层次从浅到深分别是知名度、美誉度和忠诚度。

所谓知名度，就是广而告之后更多的人产生了想要尝试一下的心理，所以做广告就是为了让品牌形成知名度；所谓美誉度，就是尝试了之后有些人评价不错，口口相传，产品的口碑渐渐建立起来；所谓忠诚度，简单来说就是用户使用过产品后，对其质量、价格、服务等都十分满意和认同，会重复购买，也会推荐给他人。

从知名度到美誉度，再到忠诚度，一般来说这是传统品牌"吸粉"的套路。但是在移动互联网时代，很多品牌，尤其是一些"网红"品牌的做法却与之前有了很大区别。其会先找到一个特定圈层的人群，在这个人群里建立产品的美誉度，并让这个人群产生忠诚度，然后推广到更大、更广的人群。

这个更大、更广的人群就是外围层，即普罗大众，如果推广到这一层面，证明产品已经影响到了比较多的人。这部分人多数内心趋于保守，不喜欢尝试新鲜事物，但具有从众心理；当产品已经影响到身边人时，他们也会因为好奇或者迫于身边的压力（身边人的行为带给他们的群体压力）而去尝试。

2. 找到自己的圈层

上一次你打开 QQ 并使用它是什么时候？看到这个问题，或许很多人都会这样想：现在大家都用微信沟通，谁还用 QQ 啊？的确，如今微信已经成为中国第一大 APP，据 2020 年年初的数据，微信的月活跃人数已经超过 11 亿。

微信的地位目前无人能撼动，那么中国第二大 APP 又是什么呢？淘宝、支付宝、抖音，似乎都有这个潜质，答案却出乎很多人的意料，中国第二大 APP 正是你或许已经很久没有用过的 QQ。同样是 2020 年年初的数据，QQ 的月活跃人数依然高达 7.35 亿。

到底是谁在用 QQ？为什么在微信更受欢迎的今天，还有那么多人在用 QQ 呢？

说到这个问题，不禁让人联想到 2011 年微信刚刚诞生的时候，也有类似的疑问：已经有 QQ 了，为什么还要用微信？其实简单比较就能发现，微信和 QQ 虽然都是即时通信软件，却存在着很大差异。截止到 2020 年，QQ 已经 21 岁了，它有着从 PC 时代而来的各种复杂功能；而 9 岁的微信是基于智能手机开发的轻量级移动端即时通信软件，简单的功能和简洁的页面让它成为移动互联网时代的基础设施，就连刚刚接触智能手机的大叔大妈，甚至爷爷奶奶都可以很快学会如何使用它。毫不夸张地说，使用智能手机的人几乎一定会使用微信。那么在微信占据如此高的地位的情况下，QQ 是如何"红海"求生的呢？

答案就是：找到自己的圈层。

QQ是属于"Z世代"的APP，"Z世代"指1995年后出生的人。这群年轻人出生、成长于移动互联网时代，更独立、更有想法，对智能电子产品的探索精神和熟练程度远超父辈。同时他们的社交范围更窄，社交和娱乐的线上化成了他们的常态，而QQ就是他们的阵地。

"扩列""养火""厘米秀"（如图2-6所示）是使用微信的人的知识盲区；QQ拥有强大的GIF发送（斗图）系统；在QQ发送语音信息时能变声，QQ的视频电话有美颜功能；QQ能记录用户空间的访客（用户也可以自由选择不让谁访问自己的空间）；QQ有表白墙、阅后即焚、语音红包、双人挂件等功能；引起广泛讨论的微信的"拍一拍"不就是QQ上存在已久的"戳一戳"吗；甚至《王者荣耀》的QQ区和微信区都有显著的差别……

图2-6　QQ厘米秀

QQ就像"Z世代"的社交娱乐场所，满足着他们的个性化需求。

因此，频繁上线和下线功能的QQ才能在全民微信的浪潮中，找到自己的战略空位。与作为基础通信工具的微信不同，功能丰富且个性化的QQ找准了"Z世代"这一核心用户圈层。

当你购买一件商品、使用一个APP、热爱一个品牌、喜欢一个偶像时，实质上是在消费其所承载的符号意义。

这也是为什么我提出的用户运营三大黄金法则中，第一条就是圈层化。找准圈层，也就是大浪淘沙，先找出产品的核心目标用户群体。尤其是在用户注意力极度分散的当下，不可能让所有用户都成为粉丝，但只要找到产品的核心用户，打动他们，让他们产生强烈的分享欲望和冲动，就能够形成口碑。

可以说，**核心层找对了，就是营销成功的起点。**

这样的案例有很多。创立于2013年、通过打造"孤独图书馆"而一夜爆红的阿那亚社区就是其中之一。

阿那亚前期的楼盘有90%的业主都来自北京，那么到底是什么吸引远在300多公里外的人前来置业呢？

阿那亚创始人马寅在2019年曾这样说："六年前诞生之时，阿那亚就是个完全反逻辑的产品，大家都在卖房子，我们却在做服务；人人拼命赚快钱，阿那亚却愿意慢下来。"在我看来，这种思维、这些选择，或许就是大家所说的阿那亚的"情怀"。它是感性的、有一点鲁莽的，也是率真的、很理想主义的。我的很多邻居，都是被这种特质吸引而来的。

显然，阿那亚的成功也可以用圈层化来理解。阿那亚将自己的核心层定位在"70后""80后"中的北京新中产群体，并把所有的战略资源都依据核心层用户的特性向他们倾斜。

大家都知道，北京的新中产群体是很辛苦的，虽然收入通常比其他城市同类人群高，但工作强度和竞争压力也不小。所以，在北京有个现象，一到周末出京的高速公路上就开始堵车。这些人都在往外逃，希望带着家人寻找一处远离喧嚣的地方放松一下。这也是"逃离北上广"能成为一种文化现象的原因。

阿那亚准确洞察到了这群人的需求，所以，他们没有沿用传统地产"盖房子—卖房子—拍屁股走人"的赚快钱逻辑，而是把卖完房子作为服务的开端。他们提供给这些用户的不仅仅是一座房子，还是一处可以安放灵魂、寄托情感之所。比如，在阿那亚有很多的精神建筑——孤独图书馆、阿那亚礼堂、阿那亚美术馆等，还有一些精心设计的、符合用户需求的活动（如图 2-7 所示）。它们一起构成了阿那亚的精神空间。

图 2-7　阿那亚社区的露天电影活动

圈层逻辑已成为当下最强大的商业逻辑之一。在今天，消费即自我。人们不再仅仅满足于消费商品的物理属性，更偏向商品的文化、社交等属性。因此，高明的生产者把意义商品化，将形象和象征注入可以出售的商品中，消费者则通过价值交换，赋予他们购买的商品和附带的服务以新的意义。因此，与其推销商品，不如推销一种文化和生活方式。

这也正是社交时代的品牌营销需要关注的：回归人的逻辑，明确目标用户是谁，他们的真实想法是什么，什么样的传播方式才能打动他们，如何才能与他们建立情感关联，怎样才能驱动他们的口碑传播。

圈层化归根到底是消费的社交属性越来越强、社交圈层日益细分的结果。**找准目标用户圈层，跳出产品、品牌层面，站在更高的角度为产品、品牌赋予某种文化内涵和价值观**。从营销产品、品牌转为营销文化、价值观，才能在社交时代找到正确的品牌营销之路。

● 情感化：用户运营的关键抓手

在用户运营三大黄金法则中，第二条至关重要的法则，就是情感化。

情感是人类的共同语言，也是人类的底层操作系统，我们所有的言行都是由某种情感驱动的。在现实社会中，我们每个人都扮演着不同的角色，戴着不同的面具，有人是老板，有人是员工，有人是推销员，有人是顾客，正是这种角色设定让人与人之间产生了距离（安全需要）。

击碎面具，拉近人与人之间距离的有效方式，就是建立情感认同和引起共鸣。

1. 同理心：情感的底层逻辑

同理心是建立情感认同和引起共鸣的底层逻辑。

什么是同理心？

同理心是站在当事人的角度，客观地理解当事人的内心感受，并且把这种理解传达给当事人的一种沟通交流方式。同理心就是将心比心，设身处地地去感受、去体谅他人，又叫共感、共情。一言以蔽之，**站在用户角度，深刻揣摩他们的内心感受，然后通过恰当的产品和营销方式传达给他们，这就是用户运营中的同理心。**

同理心的主要表现有两点：一是角色代入；二是感同身受。

2019年1月，一部名为《啥是佩奇》的视频短片一夜之间被无数人观看转发。

这部短片是一部电影的宣传片，讲述了一个爷爷为了给孙子准备礼物，寻找并制作佩奇的有趣故事（如图2-8所示）。

图2-8　爷爷给孙子做的"鼓风机佩奇"

快过年了，住在农村的爷爷给城里的孙子打电话，问他过年想要什么礼物，孙子说想要佩奇。于是爷爷便踏上了寻找佩奇之旅。

刚开始，他查了字典，可是没找到；又通过村里的广播向村民求助，找到了一位名叫佩奇的主播，显然这不是他要找的；接下来，他在村里的小卖部里看到了一款"佩奇牌"洗洁精，还遇到了一个名叫佩奇的小伙子，可这些显然也不是他要找的佩奇。

就在爷爷满世界寻找佩奇而不得的时候，一个好消息传来了，村里老三媳妇在城里当过保姆，她有可能知道啥是佩奇。于是爷爷急忙去老三家打听，老三媳妇拿出一个鼓风机告诉他说，佩奇是头猪，长得就像这个鼓风机。听了老三媳妇的描述，爷爷决定亲手给孙子做一个佩奇。

爷爷带着礼物被儿子接进城里过年，当他打开礼物时——所有人都惊呆了！

虽然这只是一部电影的宣传片，而且故事情节很搞笑，但从另外一个角度来看，它折射出很多社会现实。比如城乡之间的文化差异，每逢佳节父母对儿女回家的期盼。这种现实会让大家感同身受，引发情感的共鸣，达到共情的效果。

2. 找到引爆情感的导火索

情感不仅有强弱之分，还有不同的维度和演化路径：**情感降维就是情绪，情感升维就是价值观。**

情绪是人最本能、最直接的反应，认识到情感的演化路径，可以让我们更容易引导并引爆粉丝及受众的情感。所有情感的引爆都是从捕捉公众情绪开始的，情绪通常是飘忽不定的，捕捉它需要敏锐的洞察力。比如新媒体运营组织"新世相"连续策划的"逃离北上广""佛系少年""丢书大作战"等活动，其成功的根本原因就在于对公众潜在情绪的精准捕捉。"逃离北上广"是对一线城市白领生活压力的回应，"佛系少年"是对"90后""00后"年轻群体差异化价值观和生活态度的精准把握，而"丢书大作战"像《哈利波特》女主角组织的"藏书"活动一样激发了公众的热情。

在社交媒体时代，公众情绪就像无处不在的干柴，只要找对引信，一点就着。

情感引爆从情绪入手，最高境界是将情感升维为价值观，让其成为品牌的人格化标签。比如小米的"为'发烧'而生"，苹果的"Think Different"，京瓷的"积善行，思利他"。情绪、情感都是具象化的、偏感性的表达，而价值观则是情绪、情感的符号化和抽象化，更稳定、更持久。

因此，**用户运营的短期目标是调动情绪，引发情感共鸣；长期目标是在持续的情感互动中，形成能引发用户广泛共鸣的价值观。**

2008 年 5 月 18 日晚上，在央视一号演播大厅举办了"爱的奉献——2008 抗震救灾募捐晚会"，为在汶川大地震中受灾的地区和民众筹集善款。这场晚会总共筹资逾 15 亿元，其中，罐装凉茶品牌王老吉以 1 亿元人民币的国内单笔最高捐款，诠释了民族企业精神，也在一夜之间为王老吉打响了名号，赢得了民众的赞扬。晚会上，王老吉负责人郑重表示，"此时此刻，加多宝集团、王老吉的每一位员工和我一样，虔诚地为灾区人民祈福，希望他们能早日离苦得乐。"

此后，一篇名为《让王老吉从中国的货架上消失！封杀它！》的文章在各大网站广泛传播。网友纷纷表示，为了"整治"这家向灾区捐款 1 亿元的"嚣张企业"，我们要买光超市里的王老吉，上架一罐买一罐！与此同时，还有大量网友自发为王老吉设计广告词，"要捐就捐一个亿，要喝就喝王老吉""中国人，只喝王老吉！""喝王老吉，做一个有情义的中国人"等盛赞王老吉的广告词开始在互联网上广泛流传，王老吉的口碑效应迅速扩大，知名度和销量在短时间内迅速提高。这一通过具备高度社会责任感的行为激发用户认同感和民族情感，引起用户自发支持和购买王老吉的社会现象，被称为"王老吉现象"。

而在2021年7月的河南洪灾中，国产运动品牌鸿星尔克因低调驰援灾区5 000万元人民币引起了网友的关注。作为"时代的眼泪"，风光不再的鸿星尔克借由这次捐款重回公众视野。鸿星尔克出于民族大义的慷慨捐赠，以及大额捐款和鸿星尔克"自身难保"的反差都激发了网友的"心疼"与"怜惜"。微博会员续到2140年、单日销售额同比增长52倍、36小时内抖音直播间销售额超6 700万元、一周内直播间人数激增800万、3天百度搜索指数从1 000增长到1 210 000……一时间，网友以涌入直播间疯狂送礼物、买空品牌旗舰店等方式对鸿星尔克表示支持。很快，"鸿星尔克库存告急"话题登上微博热搜榜，鸿星尔克总部大楼也成了"网红打卡地"，就连小米CEO雷军也晒出了自己穿着鸿星尔克运动鞋的照片，表示自己正在"响应网友号召"，以行动支持鸿星尔克。

显然，无论是汶川大地震中的王老吉还是河南洪灾中的鸿星尔克，都抓住了广大用户的情感导火索，以民族大义、社会责任感等情感引爆了用户情感。在这一过程中，王老吉、鸿星尔克都不再是普普通通的市场品牌，而成为爱国爱家的情感映射，成为一种情感符号。品牌只有通过与用户共情，建立与用户的情感连接，才能获得用户好感，引导用户传播口碑。尤其在今天，随着社交媒体的发展，用户对品牌的情感更容易传播和引爆，更容易为营销带来催化效果，为品牌带来口碑和关注。

稍加关注，我们就能发现"新国货"的概念逐渐为年轻用户接受与追捧。从百雀羚到华为，从李宁到故宫博物院，这些品牌几乎涉及衣食住行的方方面面。如何抓住年轻用户的情感导火索，吸引他们的注意力，引爆他们的情感，是许多传统品牌需要思考的问题。而讲好品牌故事，与用户平等沟通对话，正是以情感化做好用户运营的第一步。

● 参与感：激活用户的动力之源

可口可乐曾流传一句话，**在自媒体时代，你无法控制消费者，但你完全可以让消费者参与其中**。在某网站上，关于可口可乐的视频有数亿次的点击量，而这些视频里可口可乐自己发布的内容很少，大部分都是粉丝自发创作并上传的。可口可乐在另一网站上的主页，也是由两个可口可乐的忠实用户创作的。

正是因为注重参与感，可口可乐才能永葆青春和保持竞争力。参与感可以带来成就感和归属感，最终提高品牌忠诚度，这就是粉丝营销的逻辑。

由此可见，如今已经不再是一个单纯卖产品的时代，而是打造参与感的时代。

1. 参与感的"三三法则"

一直以来，在企业和用户关系中，两者并不是对等的。在商业舞台上，企业长期处于舞台中央，尤其是拥有一定品牌知名度的企业，用户却总处于弱势地位。

随着互联网彻底颠覆了人们传统的工作和生活方式，C.K. 普拉哈拉德在《消费者王朝》中所设想的"企业和消费者共创价值，消费者为王"的时代确实已经到来，消费者已经当仁不让地登上舞台成为主角。换言之，今天的商业世界必须以用户为中心。

如今，参与感已经成为商业运营的基本法则。参与感在很大程度上取决于用户对产品研发与销售阶段的体验。除此之外，在产品的营销阶段同样需要打造参与感。

提到参与感，小米自然是绕不开的话题。"第一是参与感，第二是参与感，第三还是参与感"，谈及小米的成功因素，黎万强如是说。在小米内部，参与感已被奉为圭臬，成为商业铁律。参与感之于小米，本质的体现就在于尊重用户。尽管小米的成功很难复制，但"参与感就是成就感"的理念却让所有企业深受启发。

在消费平权的移动互联网时代，参与感的重要性毋庸置疑。那如何打造参与感呢？在我看来，小米联合创始人黎万强曾提出的"三三法则"至今无人能够超越。"三三法则"指的是：开放参与节点、设计互动方式及扩散口碑事件。需要注意的是，所谓圈层化、情感化和参与感，这三者之间是没有先后顺序的。而且，针对不同的圈层，我们要建立不同的情感连接和打造不同的参与感。

（1）开放参与节点

开放参与节点是指把做产品、做服务、做品牌、做销售的过程开放，筛选出让企业和用户双方获益的节点。很多互联网产品在正式上线之前都会出测试版，这里强调的不是内部人员或小范围的测试，而是让更多核心用户参与进来。需要注意的是，开放参与节点应该基于功能需求，越是刚需，参与的用户越多。

（2）设计互动方式

设计互动方式可以算作一种活动运营。根据开放的节点设计相应的互动方式，建议遵循"简单、获益、有趣和真实"的设计思路，并且要像做产品一样持续改进。

（3）扩散口碑事件

扩散口碑事件主要依靠新媒体运营。先筛选出第一批对产品表示认同的用户，小范围打造参与感，把基于互动产生的内容做成话题和可传播的事件，让口碑产生裂变。这一步相当于打造用户"基本盘"，通过活动引导产生圈层裂变，从核心层到影响层再到外围层。

扩散口碑事件的途径主要有两种。一是在开放的产品内部植入鼓励用户分享的机制，这种方式现在已经很普遍。比如樊登读书鼓励会员邀请好友加入，邀请成功则奖励相应的积分，积分可以兑换等值的内容产品。二是在与用户互动的过程中发现话题，进行用户生成内容（UGC）的二次传播或深度事件传播。这需要一定的分析、策划能力和对用户心理、传播原理的把握。

2.HiMaMa 亲子庄园：以众筹打造参与感

受新冠肺炎疫情影响，旅游业受到巨大冲击，处境艰难。但位于北京怀柔区雁栖湖附近的 HiMaMa 亲子庄园（如图 2-9 所示）依然运营顺利，生意火爆。究其原因，与它从筹备阶段就开始采用众筹共建的方式密切相关。

图 2-9　HiMaMa 亲子庄园

和绝大多数度假山庄不同，HiMaMa 亲子庄园有与生俱来的独特"基因"——它是由 106 位股东众筹共建的。而这 106 位股东都来自同一圈层——HiMaMa 社群，这个社群的主要成员是生活在北京中央别墅区的女性。经过五六年的社群运营和优化，最终形成了一个有 3 000 多名活跃成员的高价值社群。

从 2017 年开始，HiMaMa 社群创始人荣荣就开始筹备 HiMaMa 亲子庄园，其关键是利用社群吸引更多用户，扩大品牌影响力，促进社群内的资源互换，建立互利互助、高价值的良性社群氛围。HiMaMa 社群主要为用户提供三方面的价值：一是方便交流生活和育儿经验；二是提供团购和相应服务；三是提供线下交流机会。在这个聚焦女性需求的社群中，所有业务都围绕女性展开，包括亲子、家庭、婚姻、理财、教育和女性成长等。

正是因为长时间积累的信任，HiMaMa 社群不断成长壮大，并通过众筹的方式召集 106 位股东，即 HiMaMa 亲子庄园的初代用户。而众筹这种方式，极大地激发了用户的参与感，让用户与 HiMaMa 亲子庄园之间产生了紧密的利益和情感连接。因此，当众筹完成后，她们愿意第一时间体验这里的服务，并通过自己的私域流量，如微博、微信朋友圈等途径，把自己的感受拍下来、写下来，并传播出去。而这 106 位股东的口碑通过各自的私域流量扩散到其他圈层，最终实现了 HiMaMa 亲子庄园的口碑"破圈"。

从这个案例可以看出，要想打造用户参与感，众筹共建是一个极佳选择。众筹是一种以小博大的智慧，对于初创企业而言是"营销一体化"性价比极高的玩法。

众筹从 2014 年开始在我国高速发展，直到今天，众筹依然是品牌与用户的有效沟通方式。很多人都问，众筹究竟筹的是什么，是资金、用户、员工，还是智慧？在我看来，众筹对于企业而言，筹的是"势能"，是"口碑"，是企业或品牌与利益相关的群体（包括投资人、媒体、用户、员工、渠道等）的"信心"。

对于初创企业而言，众筹是打造首个私域流量池的极佳选择。和资金实力雄厚的品牌不同，初创企业很难在公域平台上投入过多资金进行营销和投放大规模的线上线下广告。**众筹则是通过用户的直接参与，与用户建立互通关系，形成核心用户群体，并不断培养核心用户的消费观念和消费习惯。** 众筹的方式让核心用户产生了参与感、责任感，让用户认定自己与产品有密不可分的关系。

2019 年，某网站"网红" MrBeast 联合慈善机构，开展了一个名为 TeamTrees 的植树众筹活动。截至 2020 年年初，这个活动已经筹集了 2 000 万美元，在全世界种植 2 000 万棵树。这个活动也成为该网站历史上最大的众筹活动，也是迄今为止发展最快的环境筹资活动之一。

世界著名众筹网站 Kickstarter 上，甚至出现了一个超级有趣的众筹项目：希望通过众筹打造一支电竞战队。虽然目前这个项目因不明原因宣告暂停，但"成为一支职业战队的股东"可是万千游戏迷的理想！

和 HiMaMa 亲子庄园的 106 位股东一样，每一个众筹项目的核心人员都不应该只是筹资金。每一个参与众筹的人不仅要成为股东，还要成为忠实用户，人格背书式的推广者、参与者或全力以赴的事业化经营者和合伙人。

唯有把"众筹"变为"众创"，打造一个支持者联盟，才能避免昙花一现的命运。

圈层化、情感化、参与感是用户粉丝化的三大黄金法则。 什么是黄金法则？就是可以通用的法则。这里需要提醒各位读者的是，这三大黄金法则并非割裂的，而是紧密关联、有机融合的，在实际运用中，很难单纯地界定谁是谁，比如情感需要参与感来激活，参与感也需要情感来赋能，单纯的情感或参与感都无法发挥最大效力。其中圈层是一个对标因素，企业应当根据不同的圈层，配置不同的情感和参与感，设计不同的玩法。

如何让用户"死心塌地"为企业赋能

相信忠实用户的力量，这是我一直以来宣传的理念。忠实用户不仅为品牌贡献了购买力，还为品牌传播口碑，甚至参与品牌产品的研发设计，危机时刻忠实用户还能力挺品牌渡过难关。我认为，品牌分为两种：有忠实用户的品牌和没有忠实用户的品牌。

我们见证了许多品牌因为用户赋能而腾飞，其中，小米就是典型代表。

2021 年 8 月 10 日 19∶30，小米领头人雷军发表了主题为"我的梦想，我的选择"的年度演讲。在近 3 个小时的演讲中，雷军向大家回顾了小米一路追梦、一路成长的点点滴滴，给大家带来了小米 MIX4、小米平板 5、CyberDog 仿生四足机器人等一系列新产品，官宣了首位小米品牌代言人，还宣布了小米下一阶段的新目标：三年时间，拿下全球第一！

演讲中，年过 50 的雷军依然穿着白衬衣、牛仔裤，除了稍微胖了一点，一切好像与 10 年前没有区别。2021 年第二季度，小米手机销量超越苹果（如图 2-10 所示），全球市场占有率达到 17%，也就是说，全球每卖出 6 部手机，其中就有一部小米手机。一直以来，我都坚定地认为小米是国内用户运营方面的标杆品牌。在无数次深度剖析和学习小米案例的过程中，我发现小米之所以能取得今天的成就，很大程度上依托于它对用户的重视，得到了用户赋能。而它获得用户赋能的最重要方式就是开放流程，让用户参与小米的产品创新和品牌打造的全过程。

图2-10　小米销量超越苹果

　　2010年，刚刚成立的小米在论坛上看到了用户对于"定制化安卓系统"的需求，就开始着手研发MIUI系统。为此，小米团队特意寻找了100个发烧友作为第一批内测用户。这批用户成为MIUI的初代深度体验用户，他们在内测阶段的每一点反馈意见，都为MIUI的正式版本提供了参考。也就是说，在正式发布的版本中，MIUI融入了这100个发烧友的意见。

　　2010年8月16日正式发布的MIUI第一版中，小米团队把这100个发烧友的名字设置为开机画面。他们作为初代深度体验用户，看到自己参与内测的MIUI发布时都十分激动。而这100个发烧友，就是小米的"100个梦想的赞助商"。当时的开机画面冲击力之强，想必很多人都记忆犹新。2011年8月，小米手机正式发布时，MIUI已经拥有了60万个发烧友，他们作为小米手机的初代用户，为小米的成功奠定了基础。2013年，"米粉"帮助小米为MIUI翻译了25个国家的语言版本；MIUI官方适配36款机型，"米粉"适配了143款机型；"米粉"还帮助小米做了1000套主题、10000种问答方案。

此后，小米团队一直坚持与发烧友交流，真正贴近用户，从各个渠道倾听一线用户的感受和看法。每当系统新功能发布后，小米团队就赶紧去论坛收集用户的吐槽，再快速迭代改进。这些真实的声音，驱动小米团队乐此不疲地升级MIUI。为此，在MIUI研发的前几年，小米还有了一个不成文的规定——橙色星期五，即每周五都会根据用户反馈，对系统进行一次升级。这个与用户之间的约定，不仅能让用户第一时间体验新功能，还能帮助小米快速试错，提高升级效率。

从"100个梦想的赞助商"开始，小米一直坚持让用户参与小米手机每一步的设计与改进。在MIUI研发期间，雷军每天会花一个小时时间来回复微博评论，工程师们也被要求回复微博评论。用户的每一个帖子后面，都会显示建议被采纳程度以及解决问题的工程师的ID，给用户充分的参与感与仪式感。

很多人都问：为什么"米粉"的忠诚度这么高？因为小米是"米粉"共同创造出来的，小米的每一个"米粉"都有"我见证了小米的成长""没有我，小米就没有今天"这样的自豪感。这是一种"惺惺相惜，与有荣焉"的同盟共生关系。

2014年，黎万强出版的《参与感》总结了小米营销的精髓：**一是通过与用户互动来做好产品，二是靠用户的口碑来做传播和营销**。这正是用户思维的基础。

在2021年的发布会即将结束时，雷军宣布：向小米手机首批18.46万名用户，每人赠送1 999元的红包（如图2-11所示）！他诚挚地邀请所有小米手机首批用户，回到小米商城，输入"小米手机十周年"，领取小米对初代用户的一份心意。这个红包可用于在小米商城购买任何东西，没有任何门槛，没有任何套路。

图2-11　小米手机十周年用户回馈活动

这个1 999元的红包，不仅代表了小米36 000名员工对用户的感恩，更成功打造了一场让小米引爆朋友圈等社交媒体的营销事件。一方面，这次回馈再次击中了"米粉"的心，大大提高了现有用户的忠诚度；另一方面，"无社交，不传播"。这1 999元的回馈红包无疑为"米粉"提供了值得炫耀的"社交货币"，让用户自发为小米进行了一轮口碑传播。在我的朋友圈里，就有不少初代"米粉"因为这次事件发了充满情怀和骄傲感的朋友圈，甚至写了公众号文章与小米一起回忆过去、展望未来。而这些初代"米粉"中，不乏各行各业的佼佼者、各个领域的KOL和KOC，当他们集体在社交媒体上为小米宣传时,无疑再一次将小米的品牌能量放大了无数倍。

没有用户的参与,就不是真正的品牌。而让用户自发、主动地为品牌发声,激发用户的参与感,才能使品牌与用户之间的情感连接越来越紧密。因为做品牌就是做社交,坚持与用户在一起,就会获得用户的赋能。这将是未来的发展趋势。

● 经典案例 F玫瑰汾酒:上市58分钟新品售罄,亲测有效的黄金法则实操

2019年3月13日晚9时30分,经过12个月细心打磨的白酒产品——F玫瑰汾酒在微商城准时上线,58分钟1 000瓶售罄(如图2-12所示)。

图2-12 F玫瑰汾酒首次上线就取得佳绩

作为一款没有习惯性消费基础的白酒新品，F玫瑰汾酒是如何在"冷启动"中崭露头角并大放异彩的？究其原因，离不开对用户粉丝化的三大黄金法则的应用。

1. 用圈层逻辑找到对的人

前面我曾提到，QQ、阿那亚的成功，在很大程度上都是因为建立了属于自己的文化和让用户产生了身份认同感，即找到了自己的圈层，找准了自己的核心层用户。那么，F玫瑰汾酒是怎样找到自己的圈层的？

（1）洞察用户痛点

男生向来是白酒消费群体的绝对主体，而职场女性对白酒的需求则往往被行业忽视。事实上，这个看似非常狭窄的小众市场，规模并不小。职场白领，尤其是对于新中产阶层女性来说，在商务应酬中只能硬着头皮喝辣口劲烈的白酒，毫无疑问是一个巨大的痛点。

新中产阶层女性需要一款专为她们打造的、满足她们喜好和需求的白酒。

（2）打造产品的超高"颜值"

一般来说，**在女性的消费理念里，"颜值"是非常重要的决策因素，**因为"颜值"代表品位。对品位、品质的关注，是新中产阶层女性的重要消费特征，也是将其"需要"转变为"想要"的主要推力。

F玫瑰汾酒的瓶身设计（如图2-13所示），是专为新中产阶层女性的审美量身打造的：水滴造型，乳白渐变透明的温润色彩，修长且具有金属质感的瓶盖，再加上大小适中的握持感。因为瓶身设计独特，工艺要求极高，给瓶身生产线、原有的白酒生产流水线带来挑战。但坚持和付出最终得到了回报。当这款酒面世后，很多人都说这不像一款酒，反而更像一款香水。著名的汾酒品酒师王凤仙女士甚至评价说，这款F玫瑰汾酒就是一款"酒中香水"。

图2-13　F 玫瑰汾酒独特的瓶身设计

（3）坚守品质底线

好看是前提，好喝才是底线。

首先，这款酒的酒基是陈年老白汾酒。汾酒的品质自然无可挑剔，它被 111 岁高龄的酒界泰斗秦含章誉为"最干净、最健康"的白酒。其次，为了得到适合女性饮用的口感，我们在传统玫瑰汾酒的基础上进行了升级，用 12 个月的时间，先后邀请了 391 人参与品鉴，经过 33 次调整，才得到理想中的口感。

除了在消费群体层面积极寻找圈层外，我们在营销层面也在为 F 玫瑰汾酒积极寻找属于它的"圈层"。F 玫瑰汾酒的消费人群是相对小众的，依靠大众传播来捕捉用户难度很大。因此，找到目标用户聚集的社群或垂直平台，通过 KOL 的影响力做转化拉动，是优选方案。于是，我们选择了一个新中产阶层女性聚集的内容电商平台以及众多新中产阶层女性社群进行测试。只求精准捕捉目标用户，不求泥沙俱下的高销量。

正如新营销专家刘春雄老师所说，**品牌打造的本质就是建立认知密度**。对于小众产品来说，一定要找到和它相关度最高的营销路径，也就是社群和垂直平台，而 F 玫瑰汾酒的首发告捷也是对这一论断的实践验证。

2."悦人先悦己"的情感连接

粉丝与普通用户最大的不同就是情感连接不同，他们不仅在意产品，而且更看重品牌和产品带来的情感体验。F 玫瑰汾酒针对核心层主打的"悦人先悦己"的概念，正是我们想传递给新中产阶层女性的价值观。

针对这一概念，我们为 F 玫瑰汾酒设计了三个不同的应用场景，每一个场景都是产品与用户情感连接的触点。

（1）自爱场景

新中产阶层女性大多处于"上有老，下有小"的人生阶段，留给自己的时间太少了。因此，我们设计了一个自爱场景：忙碌了一天的女性用户，在睡前小酌一杯，排解因工作和家务而产生的疲累，舒服地进入梦乡。F 玫瑰汾酒是将玫瑰花苞浸泡在十年老白汾酒里精酿而成的，玫瑰花是颇受女性认可的美容保健品，既可助眠，又可美白。

（2）关爱场景

在商务场合，很多新中产阶层女性免不了要喝酒。以往大家会选择红酒，但红酒口感受环境影响大，而男性常饮用的高度白酒又过于辛辣。在 F 玫瑰汾酒出现之前，国内还没有一款专门定位于女性的商务白酒。因此，我们把 F 玫瑰汾酒的度数做到 28 度，入口润滑，对女性来说基本没有任何负担，也不容易醉，更有安全感。

显然，在商务场合，F 玫瑰汾酒让女性既可以自如地应酬，又可以获得舒适感和安全感。同时，用 F 玫瑰汾酒招待女性，能够极大地显示出对女性的关爱和尊重。

（3）示爱场景

一直以来，玫瑰汾酒都是汾酒的四大明星产品之一，它诞生于1904年的一份古方，在山西当地素有"情人酒"之称（如图2-14所示）。而在现代社会，人们又为玫瑰赋予了爱情的内涵。因此，F玫瑰汾酒自带浪漫气息。而我们为F玫瑰汾酒设计的示爱场景，还将产品的核心销售日也倒推出来了，那就是情人节、"520"、七夕等属于恋人的日子。

图2-14　情人节喝"情人酒"

任何品牌或产品想要引起目标用户的共情和共鸣，必须有一个核心价值观，而这一价值观要足够动人，具备崇高而热切的属性，能振奋人心，激活正能量。F玫瑰汾酒的"悦人先悦己"正是如此。

3. 传播即口碑，打造参与感

参与即互动，互动即传播，传播即口碑，这是打造参与感的逻辑。用户亲身参与产品从研发到营销的各个环节，可以拉近用户与品牌的距离，增强互信，建立情感连接，从而让用户建立认同感、归属感和忠诚度。用户参与的程度越深，对品牌的忠诚度就会越高。因此，我们需要在产品推广中尽可能地让参与感的打造前置。

设计 F 玫瑰汾酒的过程中，我们在锁定核心用户群体后，就鼓励她们积极参与产品的生产、设计，并利用这种参与感与用户建立了更深层次的情感连接，也为日后的宣传和推荐奠定了基础。同时，在研发阶段，我们邀请了近 400 名女性目标用户参与测试和品鉴，反复调整了 30 余次，真正做到了"从用户中来，再回到用户中去。"

当然，参与感的打造不仅需要前置，在后期的产品宣传推广期间也要予以重视。

前面提到，F 玫瑰汾酒采用了"冷启动"，没有推广费用的"冷启动"成功概率极低，我们却取得了不错的成绩。这是因为我们在别处实现了"热启动"，即在线上进行产品的静销力测试。我们选取了一些自媒体公众号的末条做了投放，通常这是最不容易引人关注的地方，但也最能显现产品以及推广内容的有效性。通过小规模测试，我们的包装设计、产品图片等内容得到了用户的积极反馈，这给了我们很大的信心。根据测试结果，我们又对文案、图片、转发话术等多次优化调整，最后才迈出了平台正式首发的那一步。

此外，在首发当天，我们先在朋友圈发布了数张倒计时海报（如图2-15 所示），并把首发链接发到了几个社群中，吸引目标用户的响应和支持。同时，这款酒还得到了一批女性 KOL 的认可和声援，例如，央视主持人黄婕、亚洲国际电影节中国区执行总裁汪美彤、联想创投集团执行董事陈蜀杰、新浪微博高级副总裁王雅娟、彬彬有理创始人彬彬等。她们中的大部分人都参与了这款酒的前期封测，也都提出过非常宝贵的意见，是 F 玫瑰汾酒的第一批忠实用户。

图2-15　F玫瑰汾酒首发倒计时海报

在F玫瑰汾酒预售阶段，她们自发主动地为F玫瑰汾酒宣传，通过她们的口碑传播，实现了对目标群体——新中产阶层女性的直接覆盖。她们不仅贡献了购买力，更重要的是发挥了口碑传播的作用，而这都是我们打造参与感之后获得的积极反馈。

我相信，如果你的产品足够好，传播素材和传播路径设计得够抓人、够精准，同时你能够熟练运用"圈层化、情感化、参与感"这三大黄金法则，让用户为你的品牌和产品赋能，那么你的产品获得忠实用户和优良口碑将不是难事。

粉丝渠道化：人人都是价值百万的渠道

随着社交媒体的崛起，渠道已经实现了"人人即终端"，"信任链 + 推荐链"已成为当下十分高效的商业价值变现路径，忠实用户也因此成为企业宝贵的财富。粉丝渠道化的底层逻辑是 BC 一体化（B 即 B 端，是指商业端、批发端；C 即 C 端，是指顾客端），这一逻辑在移动互联网时代更加清晰。

在 2020 年上半年，很多企业都因疫情受到了较大的冲击，但也有一些企业实现了逆势增长，李渡酒业就是其中之一。在 2020 年 2 月，李渡酒业云店销量同比增长了 400%，环比增长 170%。李渡酒业是如何做到的? 主要原因就在于其早期的布局。

李渡酒厂是全国重点文物保护单位和工业遗产、4A 景区，所以这些年李渡酒业一直在围绕这方面进行目标用户的工业旅游体验营销，即沉浸式体验营销。在此基础上，他们还建立了三级体验系统，即总舵、分舵、小舵，分别对应酒厂、知味轩、李渡高粱合作社，形成了"深体验、强认知、高传播"的营销体系。这样坚持做了几年之后，效果很好，品牌知名度也在全国打响了。

在做好线下营销的同时，李渡酒业又开始践行 BC 一体化——李渡酒业的云店模式开始上线。

2019 年 9 月，李渡酒业开始正式招募社区合伙人，即云店舵主。从 2019 年 10 月到当年年底，李渡酒业开展了一轮社群传播，到 2020 年 2 月底，销量已经突破了一千万。截至 2020 年第一季度，李渡酒业已经开设了 200 多家云店，订单覆盖了全国 26 个省份。

李渡酒业之所以能够在疫情期间有这样的表现，是因为提前布局了线上的云店模式，提前打通了线上和线下，抢先实行了 BC 一体化。这就是"平台＋个人"的组织方式，而这种组织方式在未来将成为企业发展的必要手段。

🔴 搭建私域流量体系，让流量为你所用

2020 年到 2021 年，营销界热度最高的两个词无疑是"直播带货"和"私域流量"。一方面，这是 5G 时代技术发展的必然；另一方面，也是特殊商业环境催化的一种结果。在疫情的冲击下，很多企业都大幅度削减了营销预算，减少了公域营销的推广费用，更加注重营销性价比。

"直播带货"可以实现肉眼可见的快速销售转化，运营私域流量则可以摆脱过去高成本买流量的模式，转而沉淀企业可控的流量。所以，它们受到追捧也是情理之中的事情。但如何把这两种营销模式运用得当，如何突破变现瓶颈，则是我们需要思考的问题。

我的一位朋友运营了一个与女性相关的公众号，因为内容优质有趣，很快就积累了过百万的粉丝。同时，这个公众号又进行了全网的内容分发，从而实现了广告投放变现。但是，由于近两年外部环境的变化，做内容的限制越来越多，所以她开始逐步把各平台粉丝沉淀到个人微信号和微信群里，并通过销售与女性相关的产品进行变现。

基于她与忠实用户的信任关系，刚开始的时候产品销量一度很不错，

用户复购率很高。但是在短短半年之后，这种依托公众号和微信群实现的拉新裂变已经开始停滞不前，即使有现有用户的长期支持，也很难突破自身私域流量的"天花板"。

事实上，如唯品会、京东、得到等APP也面临着增长缓慢、无法"破圈"的问题。究其本质，它们通过优质的服务、内容和用户体验获得了大批C端粉丝，继而止步于此。这是私域流量之困。然而，私域流量真的无法壮大吗？

对于私域流量的认识，很多企业往往局限于APP或社交媒体账号或微信群，认为这做的是一个"鱼塘"的生意。通常，我们看到品牌会通过百度、头条、抖音、天猫、京东或微博等公域平台抓取私域流量，沉淀到微信或其他社交账号上。这些私域流量有机会转化为品牌的忠实用户，定期采购产品，但用户粉丝化只能将用户沉淀聚集在私域流量池中。止步于此，是对私域流量的浪费。

无法实现裂变的私域流量只会走向枯竭。这是一个对用户终身价值的认知问题，大部分人对用户终身价值的认知就是消费价值，即用户购买产品带来的真金白银的收入。事实上，用户终身价值是用户历史、当下及未来的价值总和，它包括消费价值、口碑价值、渠道价值和封测价值等。社交媒体时代，用户终身价值更是被无限地放大，"人人即终端"不是想象。所以私域流量的正确运营方法是搭建私域流量体系。

把用户分层，找出核心用户，激发他们生产优质内容，同时把内容转化为生产力和"带货"力。让用户成为推广者，自主为品牌传播口碑，并通过传播获取实际好处，从而建立品牌与粉丝的深度利益捆绑关系，才能让私域流量体系成为一个生生不息的自循环系统。

在私域流量体系的搭建过程中，核心的一环就是粉丝渠道化，从某种

角度来说，它决定了销售规模和增长。每一个粉丝渠道都是一条小溪、小河，汇聚在一起就形成了汪洋大海。一个粉丝的力量可能有限，但成千上万的粉丝就是一个大集体。品牌应先通过好的内容、产品、服务吸引用户，再通过品牌文化、激励制度、分利体系等手段实现 C 端的裂变，从而实现流量最大化、私域流量最大化、私域流量的价值最大化。

● 消费商 = 自用省钱 + 分享赚钱 + 二度人际关系返利

与深度分销相比，深度粉销最本质的不同便在于以人为基础的社交裂变，而这正是消费商的逻辑。

消费商这一模式由来已久。提到消费商，很多人第一时间会联想到直销，其实二者之间是有区别的。简单来说，直销以"带货"、销售分利为主，但是在今天的消费商模式里，则是以自用省钱、分享赚钱以及二度人际关系返利为主。直销只是消费商的一种形式而已。

在新冠肺炎疫情的冲击之下，越来越多的企业和个人开始探寻和重视消费商模式。究其原因，主要有以下三点。

1. 轻资产，门槛低，风险小

后疫情时代，"反脆弱"的概念越发被大家重视。所谓反脆弱，简单来说就是，你做的这个生意就算赔了，也只会赔点时间和精力，赔不了多少钱；另外，也不需要在运营上投入太多。比如，你帮某个内衣品牌发一条朋友圈，有好友可能会想购买，好友点击链接下单后，内衣厂家就会直接给你的好友发货。在这个过程中，你所做的只是发了一条朋友圈，是用你的流量和朋友对你的信任实现了变现。

这就是消费商的第一个特点：轻资产，门槛低，风险小。它符合经济寒潮下企业和个人规避风险的本能和意愿。第一，门槛低。只要有人要买，你去对接一下卖方就可以了，剩下的不需要你来做。第二，体现和挖掘剩余价值。第三，消费商卖的不是产品，而是在推荐消费渠道。换句话说，**消费商卖的是商机**。在今天，许多社交电商以这种方式运营。

2. 自用省钱，分享赚钱

在过去，大家挣的钱就是挣的钱，花的钱就是花的钱。但在消费商模式下，整个经济体的利益分配发生了很大的变化：只要你愿意分享，就有机会利用分享赚钱。

3. 二度人际关系返利

消费商这一模式可以最大限度地实现二度人际关系返利。简单来说，过去的经营概念中，经营者就是经营者，消费者就是消费者。但消费商模式使消费者成为企业营销的关联群体，让消费者成为经营者。当企业让消费者挣到原来挣不到的钱时，消费者就会与企业建立深度的利益捆绑关系。这也是今天和过去最大的区别，过去可能都是以产品为中心、以生产为中心，而今天却是以用户为中心。

今天，人人都是可用的渠道，人人都可能成为价值百万的渠道。它的底层逻辑是 BC 一体化。B 端与 C 端的边界日益模糊，因此，人人都有成为消费商的可能。粉丝渠道化就是要用消费商模式实现落地。在今天的消费商模式里，自用省钱、分享赚钱和二度人际关系返利的特点，为激活私域流量体系提供了无限机遇和可能。

消费商的养成

今天，流量红利时代结束，围绕人格魅力所形成的社交关系时代来临。这是一个"人人即终端"的时代。基于信任，我们可以在线完成商品推荐、信息甄别、购买决策等一系列行为。**口碑作为裂变式的能力，不仅表现为我们对裂变的渴求，更是一种全新的连接体系——推荐链 + 信任链 + 购买链。这是一种建立在口碑分享与关系网络之上的购买体系。** 微博、抖音、小红书、公众号、直播平台……越来越多的内容平台为普通人成为 KOC 提供了可能。随着 B 端和 C 端边界的日益模糊，人人都有成为消费商的可能。

一个优秀的消费商需要具备哪些特质呢？我认为，可以从以下四个维度进行考量。

1. 人格式背书

当微信成为移动互联网时代的基础设施时，我们对他人的判断越来越依赖于微信的种种功能——朋友圈、公众号、视频号等。尤其是朋友圈，作为私域流量的首要阵地，逐渐成为我们了解他人的依据。同样，朋友圈也成为我们向他人展示自己的场合。

于是，有人因为经常发布护肤心得、彩妆打折信息、实地采购照而被你标记为专业美妆代购，其代表着正品且实惠。有人因为频繁晒出阅读心得而被你标记为文艺青年，你相信他的选书品位，照着他的书单买书。有人擅长服装搭配，有人专精理财投资，有人是旅行达人，有人是美食侦探……或许你自己也因为经常在朋友圈晒出精心制作的宝宝餐，而被他人标记为育儿达人。我的朋友圈里多数是与粉丝营销相关的文章和感悟，大家对我的印象也通过朋友圈得到进一步深化和验证。虽然说千人千面，但朋友圈代表了我们想向外界展示的那一面，是我们自我存在的重要证明，更是我们在移动互联网时代与世界连接的依据。

换言之，**朋友圈是我们部分社交人格的体现。**当你建立起自身信用后，别人认为你是一个靠谱的人，才会为你分享的内容或产品背书，你才能长久收获信用带来的价值。

2. 自驱式圈层

所谓自驱式圈层，简单理解就是：你所在的某个你愿意为之主动付出的圈层。移动互联网时代的用户尽管时刻在线，却始终处于一种高速移动的离散状态。**只有共同的标签，如兴趣爱好、审美取向、观点立场等，才能使离散的用户连接、聚集，产生圈层式的自驱力。**

对于品牌而言，其价值理念、品牌文化都会成为用户自驱式圈层的圆心，圈层中的用户会成为品牌的忠实用户，为之摇旗呐喊，为之爽快买单。消费商可以通过自身人格魅力、社会身份、兴趣专长等搭建以人或内容为圆心的圈层，与粉丝实现价值共建。如果你是技艺高超的电竞达人，你的游戏群就是你的自驱式圈层，你可以与你的粉丝分享游戏攻略、心得；如果你是阅片无数的资深影迷，你就有机会组建以电影分享为主题的自驱式圈层。

在今天，人人都可以找到自己的自驱式圈层。在这里，你能收获的信任和价值都是在其他地方不可比拟的。

3. 分享式内容

分享是移动互联网时代的核心精神之一。微信红包激活了无数沉寂的微信群；分享滴滴打车的红包一度成为上班族的日常；瑞幸咖啡的优惠券分享机制使其用户量飙升……甚至你随手分享到朋友圈的一张图、一首歌、一篇文章，都能成为你的社交符号。今天，是一个"你分享什么，你就是什么"的时代。**分享能为你的社交赋予价值，为你奠定人格式背书的基础。**

智能移动设备和 5G 技术的普及，让分享更便捷，分享的效果也因为微信、QQ、微博、抖音等社交工具被无限放大。信息的分享不再是点对点的输出，而是爆炸式的扩散。基于持续分享有用、有效、有趣的信息，消费商的人格式背书也就此形成良性循环。可以说，**你分享得越多，你的信用度就越高，社交标签就越鲜明，分享的内容就越值钱，因此带来的连接机会就越多。**

显然，一个成功的消费商必须具备分享的激情，它会带来最直接的销售转化。

4. 参与式共建

真正优秀的消费商不仅会自己搭建和运营社群，还会让大家共同参与社群的搭建。前文提到过的北京 HiMaMa 亲子庄园正是如此。它的 106 位股东都来自 HiMaMa 社群，并众筹共建了这个亲子庄园。她们基于坐标、兴趣、性别而聚集在一起，经过长时间的信任累积，成为 HiMaMa 亲子庄园的初代用户和初代股东，参与并体验了庄园的服务，并通过分享帮助其成功"破圈"。

无体验，不成交；无参与，不忠实。显然，当价格不再是影响购买决策的首要因素时，唯有参与式共建能决定销售转化。

人格式背书、自驱式圈层、分享式内容、参与式共建是一个优秀的消费商必备的特质。迈出成为消费商的第一步，找到属于自己的第二增长曲线，才能实现真正的自我突破。

在今天，"副业刚需"成为一种潮流，而社交新零售则成为潮流之下热门的选择。如何借助这股潮流，发掘和培养适合企业特性的消费商群体，实现企业与消费商的共同成长，是很多企业亟待解决的问题。而下面我要说的这家 A 企业或许可以为大家提供参考思路，因为这家企业正是趁副业刚需和社交新零售之势，吸引了大批消费商的参与和支持，成为"消费商助力企业，企业赋能消费商"的典范。

如果你也想发展自己的消费商群体，以下三点值得借鉴。

（1）为消费商背书

在现实生活中，同时具备四项特质的完美消费商并不常见。企业要想培养自己的消费商群体，往往需要先发掘兼具人格式背书与自驱式圈层两项特质的群体，再为之赋能，帮助有潜力的个人成长为优秀的消费商，并最终助力企业发展。而 A 企业显然清楚地洞察到了这一点。

社交，作为社交新零售中最重要的一环，肩负着建立品牌与用户信任链的职责。A 企业的老板作为名人，不仅利用个人势能为自己的产品背书，还经常邀请明星参与品牌直播活动，为品牌营销助力。此举无疑提高了品牌的知名度和可信度，让用户对产品品质产生了初步信任和认可，为品牌带来了更多关注，争取到了更多公域流量，并最终通过信任链将公域流量引入品牌和企业老板的私域流量池中。

显然，这种人格式背书对于普通人而言门槛更高。但随着社交媒体，尤其是微信，成为移动互联网时代的基础设施后，利用微信生态打造个人"标签"、建立信任链的难度也开始降低。尤其是朋友圈，作为私域流量的首要阵地，已经成为我们了解他人的依据，也成为我们向他人展示自我的场合。如何利用社交媒体立人设、建立私域流量体系和信任关系，也成为品牌和个人入局社交新零售前的必修课。

（2）为消费商带来价值

数据显示，到 2020 年，入局社交新零售的商户数量已达到 2 400 万家，总体市场规模将突破万亿元（这个数据还不包括微商从业个体）。A企业的社交新零售体系也离不开庞大团队的响应和支持。A企业提出了"0投资，0囤货，0风险，0加盟费"的口号，降低了用户入局的风险和戒备心。事实上，A企业也的确为每一个加盟团队的用户带来了回报。它设立了有力的激励机制，让每一个参与企业发展的个人都拥有明确的价值感，从而与企业建立了深度价值绑定关系。这促使个人愿意为企业主动付出，形成了具备较强自驱力的销售圈层。

（3）为消费商提供优质内容

在这个物质超载、认知盈余、注意力稀缺、碎片化生存的时代，要想拥有更多的用户，将流量变为留量，建立稳定且持续发展的私域流量体系，就必须依靠强大的内容力。只有原创差异化内容，才能在内容日益同质化的网络世界中吸引用户的注意力，为用户提供实用价值和分享动力；只有持续创造好的、新的内容，才能讲好故事，让用户持续关注；只有具备传播能力，才能让内容具备"社交货币"属性，贴近用户的生活，被用户认可和接纳，才能让用户自主自发地分享；只有内容具备影响力，才能引发用户深度反思，在已有内容的基础上进一步创作，让用户生产内容，让用户影响用户。

在各大内容平台，尤其是短视频平台中，A企业大量发布老板个人及其明星友人的相关内容，除了产品本身，还包括心灵鸡汤、热门舞蹈、明星日常、粉丝互动、直播预告等。这些内容皆可为其消费商团队所用。"明星助力＋热门话题"的高质量内容形成了一个随时可用且不断更新的内容池，如同一个宝藏，降低了团队内容制作与分享的门槛。而当庞大的销售团队一起发布、分享、传播内容时，A企业的品牌影响力就能够得到指数级增长。

归根结底，企业与消费商是相辅相成、互惠互利的关系。明白这一点，企业才能更好地找到消费商、培养消费商、与消费商共同成长，实现双赢。这也是粉丝渠道化的秘诀。

渠道社群化：认知、交易、关系的三位一体

2018 年，我读了施炜老师的《连接》。认知、交易、关系，三位一体；现场、网络、社群，三度空间（如图 2-16 所示）。这就是施炜老师在《连接》中提出的思想，这一思想与我一直所倡导的企业渠道社群化可谓不谋而合。

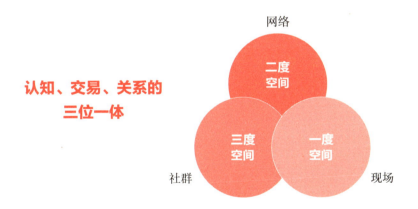

图 2-16 施炜老师在《连接》中提出的思想

认知是购买的底层逻辑，所有的交易都是认知后的结果。不过，解决了认知问题，也并不意味着交易可以立刻完成，还有可能存在障碍。比如，想吃水果，能不能做到"随手可得"？这就涉及交易的渠道问

题。很多人认为电商出现了，而且发展得如火如荼，渠道就不再重要。其实不然，渠道的价值在于它近在眼前，让交易真正实现高效、便利。

在认知和交易之外，还有一个影响因素，那就是关系。很多时候，正因为有关系，才容易形成商业的循环。否则，每次交易都从认知开始，成本太高。有了交易，就可以建立关系。但是，建立商业关系是有代价的，毕竟时间也是成本。不过商业关系一旦建立，重复交易就能节省成本，毕竟基于信任关系，时间成本更低。

● 认识底层逻辑，连接三度空间

在高速发展的信息社会，用户的认知、交易和关系都可以在三度空间里完成。即使不在同一个空间，相互转换也比较容易。

渠道社群化的底层逻辑是未来所有的生意都是三度空间的生意。一度空间线下就是现场，二度空间线上就是网络，而社群则是连接一度和二度空间的"放大器"和"路由器"。所以社群不只是微信群，微信群成员大多因为线上的活动加入同一个群，但没有线下的连接，成员之间的信任度是不够的，这样也很难实现销售转化。所以说，社群一定是线上线下打通的，这样成员之间才能够建立信任感。**渠道社群化的落地主要分为两个方面：跨界合作和社群运营。**

其实每个人的背后都有社群，要想把忠实用户转化成渠道，就需要对他们赋能，即进行渠道社群化的运营，通过跨界合作带来新的流量。

2019 年，我跟一位做消费金融的朋友聊天，向他请教他们行业的渠道布局方法。他告诉我，他们公司正在进行内部组织调整，在开拓新渠道时设立了一个新部门，叫场景部。场景部的渠道拓展不再像原来的渠道部门那样按照地域层级划分，而是根据消费场景来布局。比如，经过分析他们发现，教育和美容整形这两大消费场景和他们的产品匹配度很高，于是他们去找教育和美容机构谈合作；如果要拓展家居建材的分期付款渠道，他们就会去找家居建材的平台谈合作。

他这一番话，让我感触颇深，他们公司的内部组织调整看似一件小事，却折射出渠道布局逻辑的改变。

传统的渠道布局是以地域为依据的，也就是说，必须依靠地域经销商一层层地往下分销，直到触达终端消费者为止。但随着移动互联网的发展，物理性的地域限制已经被打破，企业**开始以"人群属性"作为渠道布局依据**。

过去，受地域限制，品牌商要分销产品，就必须"一个萝卜一个坑"。比如，想开拓河北市场，就必须找到河北的经销商；想进军东北，就必须与东北的经销商合作。经销商的地域属性高于一切，这是先决条件。但如今，一度空间变为三度空间（现场、网络、社群），交易可以随时随地完成，比如现在的网络销售，不管店铺在哪儿，都可以将产品卖到全国。这就意味着，用户可以在不同的时空里来回穿梭，从"固定靶"变成了"移动靶"，用户的消费决策链变短了。而随着渠道的地域属性被削弱，人群属性开始凸显。如今对渠道的选择，人群的精准度和连接用户的能力，越来越成为关键衡量因素。这种渠道布局逻辑的改变是基于一个前提的，那就是渠道社群化的变化趋势。

这时，渠道不再仅仅是一个物理的空间，而成了一类人群聚集的平台和节点。比如我上面提到的做消费金融的朋友，他们公司之所以去找美容机构谈合作，看重的就是美容机构对目标用户的精准连接能力。如今，随着社交媒体的发展，社群几乎已经成为任何组织的标配，通过社群运营，这家美容机构与目标用户建立了强关系，通过美容机构的推荐，金融产品交易转化的概率就高很多。重点是公司与美容机构的目标用户群体高度重合，推广的精准度也非常高。

社群作为渠道的优势非常明显。一是它的人群"标签"鲜明，物以类聚、人以群分，一个社群里的基本上都是同类人。所以，只要找对社群，可以实现高度精准地推广传播。二是社群的强关系可以让交易更容易。我经常讲**"信任链 + 推荐链"是十分高效的商业价值转化路径，而社群渠道正好具备"双链"属性**，群主、管理员就是社群的KOL，他们的推荐比品牌广告更有效。

所以，过去选渠道时主要考虑地域属性和经销商在当地的人际关系资源，现在主要是选社群和群主的用户运营能力。当然，这里的社群是一个大的概念，并非特指微信群或QQ群，而是一个平台、一个群体，即在某种价值吸引下聚在一起的一群人的载体。

总之，无论你身处哪个行业，是做线下实体店、线上电商，还是做外贸生意，都应该认真思考一下，你现在的生意在三度空间内是不是打通了。如果没有，说明你的生意还有很大的增长空间。当我们进入互联网"下半场"后，无论是通过供给侧数字化来提升效率，还是通过抢占用户时间和注意力以搭建私域流量体系，十分关键的一点就是重塑与用户的信任链，回归用户体验，从经营产品到运营用户。这是渠道社群化的底层逻辑，也是深度粉销的最终目的。

🔴 经典案例　三只松鼠："体验中心 +IP+ 社群"的新渠道体系

传统企业的组织架构变革一直是"老大难"的问题。在数字化、智能化的今天，旧的组织形式已经开始"水土不服"，无法跟上发展的脚步。**针对新时期销售渠道的架构，"体验中心 +IP+ 社群"成为一种理想的变革模式。** 其中，体验中心是围绕场景展开的，目的是让用户对企业和产品有更具体的认知和感受；IP 的搭建则是构建包括品牌、产品和人（创始人、店主）的矩阵；社群能够承载更多互动和内容的沉淀。在这种新渠道体系的构建中，三只松鼠（如图 2-17 所示）是比较典型的成功案例。

图 2-17　三只松鼠的标识

三只松鼠是创建于 2012 年的一个互联网食品品牌，创建之初只专注于网络销售。借助早期微博的红利，三只松鼠迅速找到了初期用户，成为居我国网络坚果销量榜前列的品牌，达到了百亿元的规模。但从 2017 年开始，其增长明显放缓。经过经营模式的调整，从 2018 年 9 月开始，三只松鼠的零食订阅店在线下迅速铺开。就这样，三只松鼠把粉丝变成了终端与渠道，并扶持粉丝中有能力的人成为店主，实现了再次增长。

最值得一提的是，三只松鼠比较领先的一点是不仅做自有品牌，还曾尝试采用"粉丝店主的个人 IP+ 三只松鼠"的双 IP 来为门店命名，实现了

"人店合一"，获得了阶段性的增长促进和品牌宣传的效果。

1. 体验中心

三只松鼠"人店合一"的模式让它的线下店比传统的加盟店承载了更多的情感，将用户体验做到了极致。

（1）从线上走到线下，体验升级

众所周知，体验店的服务多种多样，包括品牌互动、休闲娱乐、高科技体验、线下销售等。这些与用户的互动，都极大地提升了用户体验，增强了用户黏性。在三只松鼠的体验店中，产品陈列、灯光环境、场景氛围的打造都极为用心。在店里，用户不仅可以买到零食，到店品尝饮品与轻食，还可以购买松鼠玩偶、抱枕等线下特供商品（如图 2-18 所示）。

图 2-18　三只松鼠线下店一角

如今，网购已经成为常态，新的消费主体对于体验服务的需求开始慢慢高于对产品的需求，个性化的需求开始高于标准化的需求。在这种情况下，三只松鼠通过"一城一店"、社区推广、送货到家等打造了"线上 +

线下"的经营模式，在用户体验上就有很强的竞争力。因为线下渠道作为一个体验点，核心目的是覆盖线上服务未覆盖的区域，体现的正是服务上的升级。

（2）营造好感，创造极致用户体验

企业通过电商平台与用户之间形成了很多接触点，在这些接触点中如果有哪一个环节做得不够好，用户很可能会因体验不好而弃企业而去。在三只松鼠创始人章燎原看来，这些接触点分为物理和感知两类。传统的销售方式大多创造的是物理接触点，也就是眼见为实，用户能够感知的只有商品的广告；电商销售却恰恰相反，在用户收到商品之前形成的全是感知接触点。因此，对于电商企业来说，重点是要营造一种好感，这样才能产生用户黏性，引发用户复购。

在营造好感方面，三只松鼠做到了非常细致的层面。

第一，优化在线客户服务。在淘宝等电商平台上，对用户的称呼大多为"亲"，但三只松鼠却别出心裁，把对用户的称呼改为"主人"。"主人"这一称呼，立刻让客服化身为一只可爱的小松鼠，让用户与客服的关系变成"主人"和"宠物"的关系，激发用户对品牌的亲切感。

此外，三只松鼠不再用交易量来对客服进行考核，而是以好评率和沟通字数作为考核标准。这种改变使客服对服务好每一位用户充满了斗志，并把这种斗志转化到实际的沟通中，使出浑身解数来让用户更加满意。

第二，发出快递时的暖心安抚。对于大多数用户来说，通过电商平台购物，最煎熬的就是付款之后等待收货的这段时间。三只松鼠为了安抚用户焦急等待的情绪，在发出快递的通知短信上都会暖心地加上这样一句："松鼠已经火急火燎地把主人的货发出来了。"对于用户来说，看到这句话，就会像吃了一颗定心丸。

第三，细节体现在包装上。对于三只松鼠来说，与用户的第一次物理

接触的媒介就是商品的包装，所以三只松鼠在包装上也做足了功课，目的就是把之前营造的好感一直延续下去。三只松鼠的包装箱和包装袋等都经过了精心的设计，同时，还为用户带去了很多惊喜，比如会附赠装果壳的纸袋、夹子、纸巾及微杂志等。总之，吃坚果所用到的工具在商品包装箱里一应俱全。这种贴心细致的服务自然牢牢抓住了用户的心，而且对于复购和口碑传播来说也至关重要。

第四，不断征询用户的意见和建议。三只松鼠除了在商品的质量和种类上会征询用户的意见和建议以外，在赠品上也会做足功课。通过采纳用户的意见和建议，三只松鼠开发了各种有价值、有设计的赠品送给用户。

2.IP

很多以零售、线下店铺为核心的企业，过去的增长都是靠开门店来完成的。但现在，开店已经不能有效地为企业带来增长。尤其是疫情期间，大量线下门店所需要的成本反而成了企业的负担。因此，打造企业的IP就显得尤为重要，因为IP的核心关键词是自带流量。

一家企业如果想打造真正的IP，必须打造一个IP矩阵，这个IP矩阵主要包含三个方面：个人IP、品牌IP和产品IP。而三只松鼠实行了双IP策略，要求店长是老板，而不是职业经理人，从而打造了"店长IP+品牌IP"的矩阵。

从实践角度看，具体应该如何打造IP呢？

（1）打造差异化标签

要想打造IP，首先必须有一个标签，它包括但不限于品牌的人设、风格、视觉效果（标识、标志色等）。围绕这个标签，品牌能够无限地延伸出新的产品与内容。例如，提到主题乐园，我们首先想到的是迪士尼，这就是迪士尼深入人心的标签。而自从哈利·波特入驻环球影城后，东京环球影城的哈利·波特主题乐园成为现在日本家庭游的第一选择——这则是哈利·波特的 IP 对环球影城的影响。只要你的第一标签足够鲜明，就能为你争取到更多的资源。

而在今天，模式可以复制，算法可以优化。只有你的第一标签够独特、够鲜明，你的品牌才能在内容同质化的公域平台中成为亮眼且具有差异化性质的存在。这正是吸引用户关注的关键所在。

（2）增加 IP 的深度、厚度、立体度

随着数智化技术的发展和内容呈现形式、平台的多样化，IP 的表达方式越来越多。它可以是图片、文字、短视频、影视化作品、人物、卡通形象、建筑等，但绝不只是如此。换言之，它需要同时是图片、文字、短视频、影视化作品、人物、卡通形象、建筑等你了解或不了解的方式。IP 需要是一个全面的、具有更多想象空间和可能性的形象。

（3）保持内容生产持续的势能

势能是需要持续积累的。IP 的持续势能则体现在它的时间覆盖和场景覆盖上。是一部又一部的作品打造了漫威宇宙，这种由头部 IP 所吸引的第一批用户的注意力逐渐覆盖周边产品、衍生产品，线上、线下，才最终形成层次递进的内容，让"IP 力"全方位发散。

（4）开放 IP 与用户连接的全触点

IP 的可能性是无限的，而我们需要把这种可能性通过抛砖引玉的方式移交给用户，让用户能够在与品牌接触的每一个节点上自由发挥。从产品设计、交互方式、广告、直播到优惠活动、售后服务、IP 衍生等，都让用户参与其中，将"为用户打造 IP"变为"让用户打造属于自己的 IP"。只有这样，才能激发用户的参与感，让用户与品牌产生共生、共创、共荣的情感连接，与品牌深度绑定。

3. 社群的运营

社群是用户运营重地。在社群运营方面，重要的是 IP 势能强大与否和意见领袖存在与否。无论是品牌还是个人，只有建立了足够强大的 IP 势能，围观群众才会主动连接，而社群中的意见领袖对于社群的维护和活跃意义重大。**只有抓住社群里的意见领袖，才能充分发挥社群的价值**。可以说，意见领袖是社群的黏合剂，通过他们才能带动其他人的参与。他们是话题中心，可以发现新鲜话题，引导成员讨论；他们是权威中心，对于成员关心的疑难问题可以给出权威意见和判断；他们还是价值输出中心，通过分享能够影响更多的人。

正如前面所说，只做单一渠道在目前的市场环境中很难实现进一步的增长突破，实现渠道社群化，建立新渠道体系是企业亟待完成的要务。这是由市场环境的变化所决定的。

1. 从渠道导向过渡到消费者导向

所谓渠道导向，即代理了什么货就卖什么货，产品流通的顺序是从品牌到渠道再到消费者。这种模式的逻辑是建立在渠道的前提之下，对于目标用户的洞察相对较少。消费者导向的思维方式则大不相同，产品流通的顺序是从消费者到渠道再到品牌。这种模式的逻辑建立在对市场的洞察的基础之上，是根据消费者需求规划产品结构，以此来实现价值最大化，核心就是对用户的洞察能力和对产品的规划能力。

渠道导向型商业模式的核心能力在于供应商的供应能力，也就是供应链能力；而**消费者导向型商业模式的核心能力是对用户的洞察能力和对产品的规划能力**。这二者是完全不一样的导向，而信息化和数字化在从渠道导向转为消费者导向的过程中起到了关键的作用。

2. 数字化运营能力不可或缺

从渠道导向过渡到消费者导向是数字化的过程，也是线上线下融合的过程。在线上和线下融合过程中，企业需要完成四项核心能力的提升：一是消费者数字资产的一体化；二是融合供应链；三是全渠道订单履约；四是全渠道营销。这才是数字化转型中最有价值的能力，只有这四项能力实现了全面提升与落地，企业才算真正转型成功。可以说，在未来的商业角逐中，谁能改变当前的技术应用方式，谁能让技术应用更符合人性需求，谁能够充分发挥技术对企业和社会的赋能作用，谁就能够顺应大众期望，走向更高点。

在渠道革命中，每家企业都将重构自己的渠道体系，每个人都将最大限度地挖掘自身用户价值，创造个人财富，打造与企业、品牌命运相关的利益共同体。从流量思维到留量思维，回归用户主义，是这场渠道革命背后的深刻逻辑演变，也是在经济下行和流量红利枯竭的双重阻力下，企业寻求逆势增长的最佳突破点。

● 从 0 开始运营社群，量变终质变

后疫情时代，越来越多的企业开始从线下转移到线上，寻求新的破局之道，如采用"社群 + 到家"的模式。

国产服装品牌太平鸟，通过微信社群推广、小程序分销、"直播带货"三管齐下，成功实现了销售逆袭，日均零售额超过 800 万元；餐饮领域的西贝莜面村已经通过社群营销走出了困局；医护领域的益丰大药房陆续建了 2 000 多个客户社群，覆盖了 10 万个用户。服装品牌 BLUE ERDOS

（鄂尔多斯旗下品牌）要求线下各门店都建立自己的销售群，每天安排几场"秒杀"活动。就连迪奥等奢侈品牌门店的导购也行动起来，开始建群卖口红。

我们都意识到了社群的重要性，但打造社群并非"建一个微信群"这么简单。社群运营是需要遵循一定原则的，是需要技巧和工具的，掌握了原则、技巧和工具，才能节省时间和成本，真正提升转化效率。在社群运营从 0 到 1 的过程中，如何打造高效社群是所有企业需要思考的第一个问题。

对于自建社群，需要遵循以下七大法则。

第一，建纲领。所谓纲领，即社群共同的价值观和目标。企业有企业文化，社群也有社群的价值观。社群的价值观应当在建立社群之前就予以明确，设定什么样的纲领，决定了社群的定位以及成员的组成。为社群设定一个成员普遍认可的纲领，是建立社群的第一步。

第二，聚人群。共同的纲领是打造社群的前提和基础，这是宏观层面的要求，具体的运作还需要更为清晰、接地气的价值诉求和主张。简而言之，我们需要给出一个让大家加入社群的充分理由。因为，社群的本质就是人群中的"同类项"通过网络空间实现的聚合。对于传统企业来说，最大的资源并非线下的店面，而是具体的人，比如代理商、店员、用户等。他们都是企业的强关系资源，他们可以通过分享、推荐，帮助企业同化和吸纳更多的用户。

第三，树明星。一个社群的互动质量，往往是由几个意见领袖决定的，他们见识广、懂专业、爱分享，可以极大地带动其他成员的参与热情。因此，社群运营需要企业有意识地培养社群明星，以激发社群成员的互动热情。

第四，强互动。一个社群的互动水平是衡量社群活跃度和质量的主要指标之一。提升社群活跃度并非能一步到位的工作，往往需要有目的性的策划和长期执行。首先，我们可以通过抛话题、高频分享的方式有序引导群内成员的互动，热点话题、"大咖"分享、成员轮值等都能增加社群内的互动，增强成员的参与感和黏性；其次，通过线上和线下的活动，也能建立社群成员间的强关系。在线上，有奖问答、任务"打卡"、节日主题活动、接龙等都可以促进社群内个体间的高频互动；在线下，"见面三分亲"，线下活动是拉近成员之间的距离，将弱关系转化为强关系的有效手段。

第五，立规矩。"国有国法，群有群规"，制定规则是为了创造更好的运行环境。但群规不能由一人制定，而应在征得大部分成员同意的基础上自下而上地形成。我们必须将群规当作促进社群高效率协同的工具，要求成员遵守群规；同时，也要坚持灵活适度原则。在不打击成员积极性的前提下，建立一致的行动机制。

第六，造势能。所谓社群势能，就是社群成员一致性行为带来的能量。上下齐心，其利断金，巨大的势能不仅会增强传播活动的穿透力，"造势能"本身也是增强社群集体荣誉感的过程。例如，我们可以投入更多的资源围绕忠实用户构建势能差，赋予其成就感和荣誉感；通过群规的设定，建立用户升级体系，保证核心用户的特权地位，驱动用户自发自主传播，通过不断换血保证社群活跃度。

第七，裂变复制。社群发展到一定阶段，可以裂变和复制。比如，构建粉丝"基本盘"之后，还应该继续进行裂变，复制更多相似的产品型社群。要从初始群里找到具有裂变能力的用户去组建和发展新的社群，然后在新社群中再找到新的核心用户。企业应构建社群体系，驱动社群的自组织机制，不断激发社群的裂变复制。需要注意的是，社群裂变必须遵循循序渐进的原则，无限扩大往往会适得其反。同时，还需要明确总群和分群的管理、控制、利益分配机制。

总之，**提供价值是社群建立的诱因，也是社群发展壮大的动力。**只有提高社群价值，保证持续不断的价值输出，才能长久维系社群的活力和凝聚力。要想创建高价值礼群，应遵循"三近一反"的原则。所谓"三近"，即地域相近，因为用户对 1 000 米以内的信息最敏感；兴趣相近，因为用户更关心与自己相关的问题；年龄相近，即群内 80% 的成员的年龄相仿。而"一反"则是群内存在相互帮助却又存在冲突点的成员。要想打造一个高价值社群，需要从一开始就明确定位，选择一个自身擅长、力所能及的价值点，并设计好输出频次，从一个稳定的点切入，才能建立持续性。

　　当然，对于大多数普通人来说，打造一个社群并非易事，但打入一个高价值社群，也能使我们获益。打入社群，其本质就是一个在社群里积累"社交货币"、打造信任链的过程。我们可以通过一些日常中往往被忽略的动作来实现自己的"社交货币"积累，比如主动回应他人的分享，让他人感觉到被关心、被尊重；适当分享自己生活中的"柔软面"，暴露脆弱的一面，引发情感共鸣；主动点赞和评论他人的朋友圈，都是有意义的情感"存款"；在他人需要帮助时，主动介绍资源、创造合作机会，雪中送炭等。

　　自建社群和打入社群是一个需要投入大量时间和精力的工作。一个好的社群背后，必定有大量的付出。以上只是我总结的一些社群运营的经验，供大家参考。

CHAPTER 3

第三章

增长密码：
科学重构，以新会员体系激发用户成长

在认识到用户运营的重要性后，越来越多的企业和品牌开始寻找留存用户和深挖用户终身价值的方式。而会员制则是从传统零售时代就开始的一种探索，它对一段时期内的用户转化起到了重要作用。到了移动互联网时代，传统会员制的问题逐渐暴露：传统的线下会员卡与今天的线上会员制是不能通用的，对应的权益也不一样，这使得用户在消费时会产生不便与误解。这主要是因为过去的用户运营是极其粗放的，而且用户对消费的要求也很低。随着物质生活的极大丰富，以往商品不愁销的局面已经转变成了产能过剩的局面，曾经的"人找货"变成了"货找人"。如今用户不仅对产品本身越来越挑剔，对与产品相匹配的服务、体验也产生了日益增长的期待和要求。传统会员制造成了线上线下会员权益和服务的割裂，"割韭菜"式的会员费用和形同虚设的积分体系造成了用户体验感的缺失和对品牌期望值、信任感的日益降低。这时，谁能搭建以用户为核心的、线上线下互通的全渠道会员体系，谁就掌握了留存用户和深挖用户终身价值的财富密码。

会员体系的搭建：科学运营用户，从这里开始

　　每一种新的营销模式的诞生，都会造就一批成功者。而会员制正是应对传统流量思维失灵的重要解决方案。从定义上来说，会员制是用户与组织之间进行沟通的媒介，它是由某种组织发起并在该组织的管理运作下，吸引用户自愿加入，目的是定期与会员联系，为他们提供具有较高感知价值的利益包。这一系列用于吸引用户的利益包即用户忠诚度计划；加入会员制组织的用户被称为会员；会员制组织与会员之间的关系通过实体或虚拟的会员卡、会员 ID 等来体现，即会员消费时用于享受优惠政策或特殊待遇的"身份证"。

　　从组织架构的角度来说，会员制存在已久。但在今天的市场环境中，科技发展促使会员制发生了天翻地覆的变化，也让用户和企业之间的关系变得更为密切。我相信，以用户为核心的会员体系将会成为用户运营的落地形式，成为企业发展的必然方向。

● 会员制：DTC 模式的最优解

　　从 2016 年创立到 2020 年 11 月 19 日上市敲钟，新国货美妆品牌完美日记的母公司逸仙电商成为首个在纽交所上市的中国美妆集团。上市首日市值 122 亿美元，3 年平均年营收为 52 亿元人民币。2020 年"双十一"，完美日记蝉联天猫彩妆销售榜第一名，开售 33 分钟即成为首个销售额破亿元人民币的天猫彩妆品牌，"双十一"当天累计销售额突破 6 亿元人民币。

这是完美日记交给资本市场的"完美"答卷，也让它成为一众新兴国货美妆品牌竞相效仿的对象。花西子、HPF、Colorkey、橘朵等纷纷凭借"完美日记式"营销模式在美妆市场中占据一席之地。而所谓"完美日记式"营销模式，正是移动互联网时代流量红利枯竭的背景下，越来越多品牌寻求的一种解决方案——DTC 模式。

所谓 DTC（direct to customer，直接面对用户）模式，指的是品牌直接触达终端用户，专注用户体验，建立精准、定制化用户关系的营销模式。 不只是完美日记，近年火遍硅谷的 All Birds、剃须刀品牌 Dollar Shave Club、袜子品牌 Happy Socks 等都是充分利用这种营销模式崛起的新兴品牌。在移动互联网时代，随着智能移动终端的普及，在线支付系统、电商交易平台、智能物流仓储和用户运营的数智化工具的发展，DTC 模式能够让企业在生产、营销、销售、售后等各个节点与用户展开精准、深入的互动与沟通。DTC 模式的优势在于，企业和品牌可以更直接地与用户互动，通过 CRM（customer relationship management，客户关系管理）系统更好地研究和分析用户行为习惯，将用户数据转化为企业的数字资产，帮助企业和品牌在产品生产、渠道选择、营销方式等方面做出更精准的决策。简而言之，DTC 模式在数智化基础设施日益完备的情况下，提升了企业触达用户的精准度，缩短了企业与用户的交易通路，让用户运营更高效。

在今天，企业和品牌要想将流量变为留量，必须寻求一种新的与用户沟通、让用户产生信任感的营销方式，即直接与用户沟通，让用户影响用户，建立**"信任链 + 推荐链"** 的商业价值变现路径。可以说，DTC 模式是这个时代中，无数企业通过理论和实践验证得出的最优解。

DTC 模式作为一种移动互联网时代的解决方案，意味着企业和品牌在用户运营层面的意识觉醒。一方面，企业和品牌开始有意识地利用数智化工具建立私域流量体系，建立与用户直接沟通的通路；另一方面，这也对企业和品牌提出了更高的技术要求。只有充分利用外部与自有的数据收集、分析工具，才能将收集到的用户数据转化为可以帮助企业决策的有效信息。

资料显示，完美日记的技术部门共有211名员工，占总部员工总数的20%。2020年，逸仙电商86%的营收都来自DTC渠道；2021年第一季度，完美日记DTC用户数量已经达到960万人，而这些用户都沉淀在完美日记的私域流量体系中。显然，这些数据进一步验证了完美日记DTC模式的成功。

对于今天的品牌而言，追求用户留存、拉长用户生命周期远比获取新流量的回报率更高。深耕存量用户、缩短与用户之间的连接通路、搭建私域流量体系是当下企业进行用户运营时的共识。而DTC模式正是对回归"人"逻辑的响应。

但当越来越多的企业开始认识到留量思维的重要性，走上以DTC模式谋求增长突破的道路时，如何运作DTC模式又成了企业面临的新问题。

有朋友跟我分享了一组数据：截至2021年9月22日美股收盘，逸仙电商的股价已经下跌至4.255美元/股，较2021年2月25.47美元/股的高点暴跌83%；当前逸仙电商市值约为26.84亿美元，距离巅峰时期的160亿美元已缩水超过百亿美元。根据逸仙电商2021年第一季度财报，完美日记实现营收14.4亿元人民币，净亏损高达3.2亿元人民币；到了第二季度，营收微涨到15.3亿元人民币，净亏损则进一步扩大到3.9亿元人民币。有人问，这是不是意味着DTC模式并不能为企业和品牌带来持续稳定的增长？是不是 DTC 模式并没有那么有效？

对此，我的答案是否定的。

在我看来，完美日记 DTC 用户数量增长乏力并非 DTC 模式的过错，反而进一步验证了流量思维的失灵和 DTC 模式的巨大潜力。仔细分析完美日记的数据，不难发现其亏损的背后是营销费用的高涨：2021 年第一季度、第二季度的营销费用率分别为 72.1% 和 63.8%。按照 2020 年 64.3% 的毛利率计算，假设完美日记卖一支 100 元的口红，赚 64.3 元，但要花 65 元去打广告，仅营销费用这一项就至少亏 0.7 元。

完美日记的 DTC 模式大规模使用了 KOL 和 KOC。据不完全统计，完美日记与知名度不一、圈层不同的约 15 000 名 KOL 有过合作。除了在小红书上投放大量广告，完美日记还在找流量明星代言等方面花费了大量的营销费用。而花费大量营销费用换取用户数量的行为如同过去"烧钱换流量"的行为，无法留存用户。

这不禁让我们反思，DTC 模式的底层逻辑到底是什么？如何正确运作 DTC 模式？

我一直强调，回归到最底层的逻辑，用户运营的目的只有一个：挖掘用户终身价值。而挖掘用户终身价值要求企业在营销中坚持以用户为中心，树立"留量思维"。这需要企业在公域流量中拉新，并依靠产品和服务促成交易；依靠数智化技术与工具实现用户在线化，搭建私域流量体系；再通过用户识别与用户分级为忠实用户提供差异化服务，建立科学有效的会员系统，并通过设置不同等级的会员权益进行精细化运营，实现会员的留存和转化。

换言之，DTC 模式是一种与用户沟通、让用户产生信任感的营销方式，即直接与用户沟通，让用户影响用户，建立"信任链 + 推荐链"的商业价值变现路径。要想运作好 DTC 模式，需要真正将流量沉淀为留量，将用户转化为忠实用户，利用会员体系进行精细化的用户运营，从而将用户口碑通过社交媒体扩散到公域流量中，实现影响力、知名度、美誉度的不断提升，借此实现新一轮的拉新。

如此一来，完美日记的 DTC 模式之所以逐渐"变了味儿"，问题出现在哪里显而易见：数智化时代，借助数智化工具实现用户在线化不难，搭建私域流量体系不难，难的是如何将海量的用户数据转变为企业可用的数字资产。

真正的 DTC 模式并非单纯追求沉淀到私域流量体系中的用户数量，还需要以口碑和复购率作为衡量依据。**要将 DTC 模式运作好，建立一个科学有效的会员系统是最优解**。会员系统不仅能够将用户沉淀到私域流量体系中，让流量变为留量；还能够通过用户识别、分级实行有针对性的"用户偏袒"和用户激发，深入挖掘用户终身价值，最终实现裂变。

● 被误解的会员制

从麦当劳、必胜客、海底捞到各大商场、超市，从家门口的健身房、美容美发店到航空公司、银行，从线下的电影院、书店到线上的音视频网站、知识付费平台……可以说，会员制在我们的生活中随处可见，涵盖了衣食住行的方方面面。在商业市场中，我们接触的会员制形式多种多样，而其核心形式可以概括为以下两种：免费晋级制，付费会员制。

1. 免费晋级制

免费晋级制指用户在与企业的交互中通过积分等方式提升会员等级，如航空公司飞行里程积分、银行信用卡积分等。在免费晋级制的会员体系中，会员不需要为会员等级的提升花费正常消费之外的费用，只需累积正常消费金额作为会员等级提升的依据。以航空公司为例，飞行里程积分是各航空公司留住用户的一种营销手段，一般是 10 000 里程起兑机票，不同航空公司的标准不同。飞行里程积分通常可以从两个渠道获得，一是选择飞机作为出行工具时累积的里程，二是用银行与航空公司合作的信用卡的积分兑换。这两种途径都涉及用户与企业的沟通与互动。用户飞行里程积分越多，会员等级就越高，享受到的福利和折扣就越多。因此，很多经常出差的用户常常会选择同一家航空公司的航班出行，以此提升会员等级。

2. 付费会员制

所谓付费会员制，是指在免费晋级制基础上，部分企业对会员进行筛选和升级，并收取一定费用，让其进入企业的核心会员体系，或直接仅设置付费体系（如美国 Costco 超市）。一般研究文献中所指的会员制即为付费会员制。会员费可分为年付、季付、月付等不同形式，部分企业还推出了周付会员，来满足不同用户的需求。付费会员能享有比普通免费会员更好的权益和服务，如每月礼包、生日折扣等。这些付费会员通常表现出比免费会员更加忠诚、不易流失的特点，但同时付费会员的维护成本也相对更高。付费会员的消费力是企业最为看重的，同时付费会员也是企业的核心用户、精准用户。此外，常见的视频网站、QQ 及各种付费 APP 等也都采用付费会员制。

付费会员制对于企业的增长是一个双赢的选择：一方面，用户不但可以享受更为优惠的价格，而且能得到更高级别的服务；另一方面，企业可以拥有固定用户群体，保证会员费的固定收入，从而在激烈竞争中使产品销量、利润等保持稳定。

总体来看，付费会员获取权益的实施成本较低，并且付费换来的服务通常都是效用较高的服务。随着国内用户付费习惯的养成以及盗版打击力度的加强，付费会员已经成为很多互联网产品的核心运营项目。

Prime 会员是亚马逊于 2005 年推出的，当时仅包含免运费服务，旨在降低消费成本，鼓励用户复购。同时，亚马逊很早就开始向国际布局，先后登陆日本、英国、德国、法国、意大利和加拿大。亚马逊之所以打造 Prime 会员产品，主要是考虑到以下三个方面的因素：①增加平台用户量，包括增加新用户及留存老用户；②增强平台用户黏性，延长用户浏览时长从而提升复购率；③提高用户客单价。付费会员制的推出对亚马逊的业务量有以下强有力的推动作用。

1. 会员数量持续增长，且具有高续订、高留存特征

极具吸引力的超级权益，推动了亚马逊 Prime 会员数量的快速增长。数据显示，至 2018 年 4 月，亚马逊全球会员数量已突破 1 亿。2018 年 4 月 18 日，贝索斯在《致股东的一封信》中表示，亚马逊 Prime 服务全球订阅量超过 1 亿，这是亚马逊首次披露该数据。据专业数据分析公司测算，2013 年 6 月 Prime 会员数量约为 2 500 万，至 2017 年 3 月增长至 8 000 万。其中，美国的会员数量从 2012 年 12 月的 600 万，快速增长至 2016 年 2 月的 6 400 万。付费会员量增加也带来了会员费收入的快速增长，会员费收入已成为亚马逊支柱业务中增长最快的一项。

2. Prime 会员忠诚度及活跃度极高

要想快速增长，除了使新用户增加和老用户留存外，提高用户客单价与复购率才是最终目的。这与会员产品先做目标定位，再设计权益的主张不谋而合。很多企业虽然不具备亚马逊的品牌力与用户量，很难做到会员产品本身赚钱，同时提升留存率和转化率，但先做好用户留存和转化是可

行且必要的。

3. 会员单用户交易金额更高

会员的高活跃度和高忠诚度也带来了更高的交易量和交易总额。对比之前会员、非会员的消费数据发现，Prime会员在 101～200 美元和 200 美元以上两个高消费金额区间的占比更大，而非会员消费则集中于较低金额区间。从全年维度看，会员在亚马逊的消费金额是普通用户的 4.6 倍。此外，会员订阅的年限越长，他们在亚马逊上的消费越多。1 年内的会员年平均消费 886 美元，而 3 年以上的会员年平均消费达 1 640 美元。

事实上，大多数采用会员制的企业或品牌都会采用非单一形式，也就是采用两种或多种会员制形式的组合。 譬如 Prime 会员的续费已经越来越多地基于原创内容订阅，而非最初每年 79 美元的免费两天送达服务——一种单一的电商服务权益。Prime 会员的不断演化迭代，在于它始终可以抓住并解决用户的新消费场景痛点。原创精品内容的价值成为核心决策依据，续费的机制成为付费的主要动因。

会员体系的搭建，可以强化企业与会员之间的联系，实现企业和会员利益的双向最大化。一方面，在大多数会员体系中，会员可以通过其会员身份享有一定的权益，并需要承担相应的责任；另一方面，拥有会员的企业往往会因其会员的忠诚度而在市场中拥有更大的竞争优势，同时，会员的裂变可以为企业带来更多的新会员，为企业带来稳定性高、可预期的常规性收入。

无论是免费晋级制还是付费会员制，用户凭借一个电话号码、邮箱、ID 就能成为某个品牌或平台的"会员"。但仔细想想，随处可见、随手可得的会员身份大多数并没有给用户带来实质的好处，最终往往陷入了被遗忘的尴尬处境。填表"骗"资料、会费"割韭菜"、会员等级模糊、积分系统形同虚设……越来越多的用户开始清楚意识到会员制的"坑"。

这不仅造成了用户对会员制的偏见和抵触，更为真正行之有效的新会员体系的推行增加了障碍。归根结底，出现这一问题的根本原因是从企业到用户对会员制的误解。

误解一：误把"会员卡"当作会员制。

商家推行会员卡，其本质是为了促销。用户在办卡的过程中，通常会被告知有折扣或者积分抵扣机制，但这并非真正的会员制。会员制的目的是建立企业与用户之间正式、持久的关系。而办理会员卡、成为会员，仅仅是建立关系的起点。

通常，在一次交易行为结束后，用户与企业之间的关系就暂时结束。但在办理会员卡后，用户与企业就建立了一种永久性的交易关系。在用户取消会员身份之前，这种持久的承诺关系一直存在。

误解二：误把权益堆砌当作会员制。

复杂难懂的会员权益、盲目的权益堆砌都是对企业成本和用户信任的极大浪费。这看似能给会员带来好处，实际上对会员毫无用处，最终成了企业的自我感动和"小聪明"，徒增用户的反感。

会员的权益设置要切中用户的痛点和痒点，给用户带来切实的利益和尊享感，能够成为用户的"社交货币"，激发用户主动"晒"出去、分享出去。

误解三：误把会员体系的搭建和管理当作会员管理部门的工作。

"用户运营归用户运营部门管，会员归会员部门负责"，这是很多企业内部人员的想法，但这种想法大错特错。会员制模式下，企业上下都需要贯彻会员制战略。因为会员制本质上是"以用户为中心"战略的落地，这意味着所有和用户的接触点都要"以用户为重"，企业所有人员的工作都是为了提升会员的忠诚度。

为一线员工授权，让一线员工自主为会员提供特别优惠和服务，能够拉近与用户的关系，收获用户口碑。例如，海底捞的服务员就能够自主决定为普通会员提供更高级别的服务，为会员打折或赠送小礼品，此举赢得了用户的好评。

误解四：误陷入会员制的虚假繁荣。

当越来越多的企业开始推行会员制，尤其当数智化技术大大降低了用户在线化的难度时，会员制可能会让企业产生一种虚假的安全感，企业会满足于越来越庞大的会员数量，认为可以赚取大量会员费。事实上，当企业提供的价值和收取的会员费之间的落差太大时，不仅无法吸纳新会员，还会失去现有会员，这意味着未来糟糕的业绩。

随着用户地位的不断提高，越来越多的企业开始重视会员体系的搭建。任何推行会员制的企业要想获得成功，必须构建一种关注会员与企业关系变化的企业文化。简单来说，**"没有最好的会员制，只有更好的会员制"**。要以发展的眼光看待会员体系的搭建和成长，持续创新，坚持寻找更好的方式和方法为会员提供更高的价值。

随着用户日常生活的数字化，用户在线化程度日益加深，新会员体系的搭建成为必然趋势，也成为越来越多的企业寻求第二增长曲线的突破口。但如何搭建高效有用的会员体系，如何判断会员体系对会员的价值，是企业需要深入探究的问题。

会员体系的搭建归根到底是与用户做朋友，找到并锁定与品牌理念、定位相同的用户，建立相互扶持的关系，与用户共同成长。其背后的关键运营逻辑，主要有以下三大理论的支撑。

1. 用户关系递进理论

企业可以通过递进用户关系来提高交易效率和频次，关系越深入，交易的效率和频次就越高，反之亦然。这很好理解，现实中我们的消费决策除了考虑产品本身的功能价值以外，很大部分是凭个人好恶来决定的。比如可口可乐和百事可乐，从产品上来说，其实差别并不大，但有些人喜欢喝可口可乐，而有些人就喜欢喝百事可乐。这就是品牌好感度在起作用。品牌好感度主要来自品牌的文化、理念以及与目标用户的交往互动。与用户的交往互动越密切，关系就越好，用户的品牌忠诚度就越高。

2. 特权营销理论

人人都喜欢并享受优越感，这也是会员制营销成立的心理学基础。显然，会员与非会员的区别就在于拥有一些能体现优越感的特权。

3. 杂货铺理论

一个1 000人的村子，有人在村子里开了一间杂货铺，这间杂货铺是否能生存下去，主要取决于这1 000个村民是否持续消费。如何让村民持续消费呢？那就要为他们提供尽可能多的商品和服务。推行会员制也一样，企业要想留住用户，就必须有足够丰富的商品和服务品类，可选择范围广，对用户才更有吸引力。

基于此，一个高效的会员体系能够帮助企业显性识别用户，为用户分级，形成有效的"用户偏袒"，让企业能够有针对性地为用户提供增值服务，实施价格歧视，最大限度挖掘用户价值，提高企业增长效率。这不仅让企业的目光从短期价值转向长期价值，从"一锤子买卖"到"一辈子买卖"；企业还能利用对会员的运营，提升用户忠诚度，延长用户的生命周期，让企业收入源源不断地增长。显然，每个用户都想要被特别对待，对于他们来说，这是值得告诉别人的"社交货币"。而用户的每一次主动传播都有很大可能为企业带来好口碑和新用户。

因此，会员的权益设置要能切中用户的痛点，让用户感到物有所值，同时能够成为用户愿意主动分享的"社交货币"。在会员体系的设置上，需要遵循以下三项原则。

（1）分层运营

我们可以根据不同层次用户的消费习惯完成用户画像，再根据画像找到忠实用户和稳定用户。不同的会员层级有不同的引导和成长规则，企业应数据化、精细化地设置不同权益组合。

（2）场景独占

用会员服务，去完全闭环用户的需求场景，从而占领用户的心智，并且长时间可持续地独占一块市场。比如亚马逊的 Prime 会员，其实针对的是"家庭数字娱乐电商生活"场景；比如 Costco，独占的是"性价比"这个市场。

会员产品的设计不仅是运营和产品的策略组成的，而且是以用户为中心的服务场景规划的商业模式构建的。所以场景的规划与会员权益的设置非常重要，因为其关系到促活成本和整体设计的核心。一个好的场景规划，会帮你切分一个长期的市场，用较低的成本持续复利型占据市场。

如果你的会员产品没有做到场景独占，那么会减少用户因为场景而关注你的可能。这就好像大部分的优惠券都是用户顺便用掉的，而不是主动使用的。这是因为，你的会员产品，没有独占用户场景，也没有占领用户心智。

（3）让会员乐于成长

传统的会员积分卡存在怎样的弊端呢？答案就是纯粹为了积分、毫无成长空间。用户每一次用积分兑换产品或者抵价券时，喜悦总是转瞬即逝，积分清零，意味着又要从头开始。重复先前的辛劳付出，用户兴趣自然大减。好比玩游戏，一旦通关，玩家就失去了再玩的兴趣。即便再喜欢拼图和乐高的玩家，一旦大功告成，多半不会打乱重来，而是志得意满地挑战下一个。如果先前是 1 000 块的拼图，下次就尝试 1 500 块的。人们总是追求成长和进步，对于会员制也是同样的心态。

好的会员制设计，会员是会主动追求成长（升级）的。

直到今天，结账时出示一张美国运通的黑卡，依然会引人注目。

航空公司金卡以上级别的会员总会得到空乘的一对一特殊关照，有时是座位的升级，有时是额外的饮料和小礼品。这种对高端会员的"偏袒法则"也促使普通会员产生"成长升级"的想法。

如果会员主动降级就说明会员权益设计有问题。我家旁边的高档美容会所就是一个例子，作为 10 年的钻石卡会员，我突然发现，如果我降一级充值 2 张金卡，一次性充值金额更低且赠送权益比钻石卡会员更多，于是毫不犹豫地主动降级。降级意味着降低了消费总额，更意味着会员对高级别会员价值的不认可。

正如前面所说，人人都喜欢并享受优越感，这也是会员制营销成立的心理学基础，会员与非会员的区别就在于拥有一些能体现优越感的特权，这就是特权营销理论。经营会员的认同感，最重要的就是经营特权感，特权感越强烈，会员的认同感和荣誉感越强，忠诚度就越高，对非会员的吸引力就越强；反之，当这种特权感被破坏时，会员就会逃离。对于会员体系，精神权益和物质权益相比，在当今社会精神权益更加重要。运营会员体系，更应该把精力放在维护和保障用户的精神权益上。

经典案例 Panera Bread：单店销售额超星巴克 2 倍的惊艳操作

Panera 是一家面包店，成立于 1987 年，在 2017 年 4 月 5 日由 JAB 控股公司以 75 亿美元收购。截至 2019 年 12 月 30 日，Panera 以 Panera Bread 或 Saint Louis Bread Co. 的名义，在美国 48 个州和加拿大安大略省共经营 2 178 家面包店。

虽然 Panera Bread 的总销售额不及星巴克，但是它的单店销售额却是星巴克的 2 倍。截至 2019 年，星巴克全球会员超过 1 680 万，36% 的收入来自会员，而活跃在北美的 Panera Bread 有 50% 的收入来自会员。

这样亮眼的成绩背后究竟有什么秘密？

1. 围绕目标人群打造差异化价值体验

Panera Bread 的核心用户画像是年龄在 24 ~ 55 岁，收入高于平均水平的女性，她们是对热量、营养均衡特别关注的群体。

Panera Bread 虽然是轻食快餐品牌，但主打无油类食品。它是美国第一家主动公开所售食品所有营养成分的餐厅。早在 2017 年， Panera Bread 就宣布要公开店内饮料所含的热量和成分，以此来让用户做出真正的选择。随后，Panera Bread 又宣布告别人工调味料、防腐剂和甜味剂。2020 年开始，它还主持关于环境保护的"标签"项目，只要其连锁店的沙拉、三明治和汤料的成分总和少于 5.38 千克二氧化碳当量，菜单项上就会带有徽章，宣称该菜为"凉爽食品"，这是世界资源研究所给出的称号。

Panera Bread 不只是健康和环保的快餐店，它为了打造舒服的服务体验，引入数字化技术，实行 APP 点单。Panera Bread 在设计点餐机时可谓煞费苦心：从最大限度减少单次点餐所需步骤的设计到按照具有普适性的iPad 界面设计点餐机系统，均是想尽快培养用户使用点餐机的习惯。这个举措一举两得：一方面减少了用户的等待时间，另一方面也减少了用餐高峰期点餐员的工作量。此外，其菜单上提供了用户自己组合套餐的选项，而且用户不再需要等待取餐，而是由服务员送到桌子上，大大提升了用户的服务体验。用户甚至可以通过 APP（如图 3-1 所示）提前 5 天订餐，然后去现场取，不需要再排队等待。

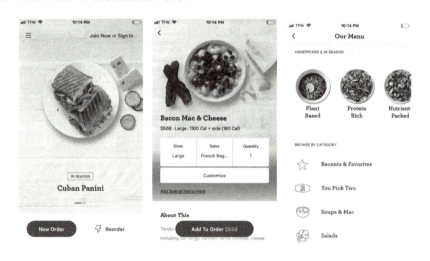

图 3-1　Panera Bread 的 APP 界面

价格虽高，但 Panera Bread 通过优质用餐体验营造了价值感。为了突出餐厅特色，Panera Bread 的店面全都是按照时尚高端的风格设计的。这让客人觉得自己好像是在一家文艺咖啡厅吃饭，而不是快餐店，整个店内的服务也具有高档餐厅的水准。Panera Bread 其实不仅仅是贩卖面包，更多是贩卖一种文化、生活方式，或者格调。所以用户并不会太在意价格，他们愿意支付昂贵的价格来购买生活方式。更高级的消费体验，让它将自己的品牌形象与其他快餐店区别开来，变成了一个在普通快餐店和高档餐厅之外的选择。

为用户着想且兼具性价比和格调的健康快餐店，就是 Panera Bread 的定位。

2. 盲盒会员制模式让人心理成瘾

很早之前，Panera Bread 就推出了自己的会员计划 MyPanera，实行消费积分制，而且经营出了不少新花样。

Panera Bread 的会员制是"消费积分 + 惊喜式"福利发放模式，有点像如今热门的盲盒模式与会员制模式的结合。Panera Bread 给用户的福利包括赠送免费的饮料或烘焙产品、邀请用户参加特殊主题活动等。在发放福利时，Panera Bread 并不会明确告知用户什么时候会给出福利，指不定用户哪天买单时，就获赠一份沙拉。这样的盲盒式福利发放模式，不仅给用户带来了惊喜，也充分利用了用户的得失心理，将会员福利变成一种趣味抽奖游戏。在这样的心理驱使下，用户会提高去店里消费的频次，以免错过"抽奖"机会。

这一模式为 Panera Bread 培养了极高的用户忠诚度，还为 Panera Bread 积累了超过 3 800 万用户。

3. 用订阅会员制售卖咖啡

在用盲盒会员制模式让用户心理成瘾的同时，Panera Bread 还借鉴 Netflix 的订阅会员制，以咖啡为"硬通货"让用户"生理 + 心理"双重成瘾。

Panera Bread 推出了类似 Netflix 订阅会员制的咖啡包月制（如图 3-2 所示）。用户支付 8.99 美元的月费后，就可以在正常营业时间，每 2 小时免费喝一杯热咖啡、热茶或冰咖啡，而且可以免费续杯。此外，咖啡的分量不限，但是可选种类不包括冰滴咖啡、浓缩咖啡、冰茶和酒精饮料。这一做法的精明之处在于，它可以通过利益点的释出，持续吸引用户到店消费。

图 3-2　Panera Bread 的咖啡包月制

按照 Panera Bread 一杯咖啡 2.2 美元的价格计算，只需要喝 4 杯咖啡，8.99 美元基本就喝回来了，剩下的完全属于"占便宜"。因此，只要是会算账的人都会知道，如果常喝咖啡，在 Panera Bread 办卡是稳赚不赔的事。

事实证明咖啡包月制很有吸引力。在前三个月，Panera Bread 在 150 家店铺进行了测试，数据喜人。

①测试期间，店铺访问量增加200% 以上，很多用户几乎每天来一次。

② 70% 的订单中还包括其他产品。

③订阅会员的续费率在90% 到 95%。

④测试中，新增了大约25% 的会员，他们几乎完全来源于此项订阅服务。

不难看出，Panera Bread 把咖啡变成了"流量产品""低毛利引流产品"，不为赚钱，就是为了吸引用户进门。而对于零售行业而言，进门就是成功的一半。

不仅如此，对于 Panera Bread 来说，8.99 美元的付费会员制，将用户的目的由"来 Panera Bread 用餐"变成了"来 Panera Bread 喝咖啡"。这不仅更加有利于 Panera Bread 切入咖啡市场，也用 8.99 美元与咖啡这一容易让人上瘾的产品锁住了用户，培养了用户的高频消费习惯。

无论是差异化价值体验，还是盲盒会员福利和咖啡包月的订阅方式，Panera Bread 的创新在一次次地超越用户期望。会员制从来都不是一个固定模板，国情不同、行业不同、产品不同……都会产生不同的设计方式，满足用户需求只是个 60 分的设计，唯有让用户觉得"这就是我喜欢的而且物超所值，必须留下来"，才是好的会员制。你同意吗？

从 0 到 1 打造会员体系：最大限度激发会员能量

在认识并了解到打造会员体系的原则和目的后，从 0 到 1 打造会员体系就有理可循、有据可依了。在数智化高速发展的今天，我们需要解决以下四个问题。

1. 实现会员的数字化

随着经济的不断发展，曾经的"人找货"变成了"货找人"，用户变得越来越挑剔。如果线上和线下会员权益割裂，必然会让用户体验欠佳。技术的发展使得线上线下会员信息和权益的互通成为可能，全渠道会员模式已经成为很多中小实体店发展的重要方向。要想实现会员的数字化，就要将会员制与大数据结合，打通选品、支付、下单等多个环节，深挖用户的个性化需求。

2. 对会员精细化运营

传统会员体系往往无法实现精准有效的会员管理。而今天，会员管理开始向会员运营转变。企业可基于会员在线化，通过技术对会员大数据进行深度分析，将其中消费能力强、消费频率高的用户，以及分享意愿、互动性强的用户挖掘出来，进行分层管理。根据不同的会员情况，进行不同的会员场景营销和会员维护。

3. 设置吸引力强的会员权益

一般的会员模式，基本上从两方面体现会员权益，即价格和特权。可以根据会员消费金额的不同设置不同的会员等级，等级越高所享受的会员折扣也就越大。阶梯式的会员折扣，可以提高会员转化率。另外，会员特权也是非常重要的，比如生日礼、新人礼、节日礼等能够为用户带来切实的权益体验，提高用户忠诚度。

此外，我们在进行会员营销时还要注意从用户角度出发，不遗余力地提升会员体验，避免会员体系千篇一律，搭建出能提高转化率、留存率，增加引流裂变的会员体系，真正实现会员数字化运营。

4. 提升产品价值的权益

找到用户需要的价值是前提，之后在这个基础上不断加码，让权益的价值更高。定位用户价值，可以参考马斯洛需求层次理论，生理需求、情感社交需求、自我实现需求，分别对应产品提供的使用价值、社会价值及成长价值。基于使用价值的加码，在权益上通常表现为提供附加功能，如增值功能、专属服务。社会价值的表现通常是凸显身份的标志和社群归属感，在权益上的应用以勋章、等级标志、高端会员社群等为主。成长价值，对应自我实现需求，在权益上可以表现为公益冠名及提供成长机会等。绝大部分产品，都是为满足吃穿住行、情感社交的需求，权益的设计，也应该围绕使用价值和社会价值去加码。产品提供的价值越基础，就越应该围绕使用价值做增值，从而增强对用户的吸引力。

针对以上四个问题，本节内容给出了实践参考。

● 拉新与促活：找到 TA，激活 TA

在搭建会员体系之初，很多企业在第一步就陷入了迷茫：如何吸引用户成为会员呢？首先，可以利用自身品牌以及个人影响力等来吸引流量；其次，还可以从公域平台中获取流量并转化到私域流量池中，再从中筛选出优质用户并引导其成为会员。这时，用户的抓取就成了一个关键点。下面给大家分享四种拉新、促活的方法。

第一种方法：利益诱导。

利益诱导很好理解，发红包、发优惠券等，都属于利益诱导。比如，我们办公室的很多同事都曾收到写字楼楼下的一家咖啡店推送的信息，告知免费获得了一张 0 元咖啡券。其中有一个同事以前没下载过这个咖啡品牌的 APP，但为了领取这张只在当时有效的咖啡券，他下载了 APP，然后领取了这张优惠券。午休时，他就去楼下咖啡店使用了这张优惠券。对用户来说，免费获得了一杯咖啡；而对企业或品牌来说，仅用一杯咖啡就获得了一个有效的用户数据。这就是典型的利益诱导。

第二种方法：产品内容的吸引。

关于产品内容的吸引，有一个很典型的例子。在微博，有一个内容做得特别好的官微叫"杜蕾斯"，直到现在，这个品牌官微发布的内容依然很吸引人，因此它的粉丝量非常庞大。很多人都是在看到别人分享的"杜蕾斯"的段子之后才去关注这个品牌的，这就是产品内容的吸引。

第三种方法：暴力添加。

相信很多人都有过这样的经历：做微商的人，根本不知道你是谁，也不知道你是做什么的，他可能只是通过网站搜索或者从一些数据库里调到了你的信息，然后就开始以各种名义来申请添加你为好友。这种方法就是暴力添加。

当然，用这种方式来抓取用户，成功的概率不会很高。但只要添加成功，就会获得用户数据，并容易将用户转化为会员。但是在后期的运维过程中要加入一些有效的运营手段，这样才能变成一个混合的抓取用户的手段。

第四种方法：广告吸引。

对于广告大家都不陌生，最常见的就是电视媒体上的各种广告，还有商场里各商家的广告，另外在各大网络购物平台上也能看到各个品牌的广告。这些通过各种媒体来投放广告吸引私域流量的方式虽然已经不新鲜，但也不失为一个会员拉新的方法。

🔴 留存：给用户带去超乎预期的"诱惑"

如果会员拉新是搭建会员体系的"先头部队"，那么把吸引来的会员长期留存下来则是更为重要的"主力部队"。从商业效率和用户运营的角度来衡量，我觉得微信仍然是会员拉新和留存的最佳平台之一。其中，企业微信和小程序正在成为运营维护会员和打通线上线下商业渠道的关键。

前面提到的在我的微信朋友圈里的"小完子"，其实就是完美日记的KOC。在企业微信号出现之前，以"小完子"为名的微信号估计超过了一百个。"小完子"们都拥有完整的人设以及严谨的运营模式，其每一条朋友圈在发布之前，都要经过专业团队的策划和审核，审核通过之后才能分发到各个微信号上。假设每个"小完子"的微信号上有 5 000 个好友，那么所有"小完子"的朋友圈好友总和便达到了百万级别。也就是说，完美日记的私域流量"鱼塘"里"等待上钩"的"鱼"已经突破了百万条。

那么，完美日记的百万级"鱼塘"是如何建立起来的呢？

现在很多商家的通常做法是，在用户收到货之后，只要关注商家的公众号或给客服好评，就会得到返现、返优惠券等优惠。但相比这种比较单一的做法，完美日记的做法则是环环相扣的，而且效果要好得多。首先，用关注公众号领红包、下载 APP 送现金以及注册领优惠券等利益诱导让用户关注其官方微信公众号；公众号关注成功之后，立刻就会弹出一条信息，告诉用户只要加客服的私人号，就有机会获得价值××元的彩妆产品；添加客服的私人号之后，客服会马上发来一条链接，告诉用户只要下单就可获得 ×× 彩妆新品试用装；下单完成之后，客服又会告诉用户获得了加入"小完子完美研究所"微信群的资格，在群里可以获得"好物"分享、妆容教学等优质内容，还能收到直播通知，参加抽奖活动等。

当然，对于用户来说，朋友圈里从此多了一名热爱生活、热爱分享，如同闺蜜一般的好友。

当个人微信号逐渐开始被限制后，功能更为全面、管理更为正规的企业微信号则开始成为企业搭建私域流量体系、管理用户和会员的主要工具。现在"小完子"通过企业微信号发布有温度、有价值的内容，与用户建立起亲密的情感联系，将用户留存在完美日记的私域流量池中。

通过完美日记的案例，不难看出，要想将普通用户吸引到私域流量体系中，转化为可以留存的会员，既要为用户提供足够有价值的物质诱惑，还要与用户建立起情感连接，以情动人，在情感上俘获用户。

当我们期望用户从流量变为留量，成为留存下来的会员时，首先要问自己一个问题：我们能为会员提供什么价值？而为会员提供超乎预期的价值，正是让会员留下来的重要理由。其中，物质权益的诱惑和情感精神的俘获，两者缺一不可。

1. 会员权益的设计

会员权益的设计，主要包括两点：一是物质权益的设计，二是精神权益的设计。

所谓物质权益，往往是以让利、折扣、赠送等方式呈现的，可以为会员提供价格优惠、实物赠品和积分等切实的物质奖励。通过不断累积的物质权益，可以增加用户的"逃离成本"，让用户舍不得离开，从而达到"圈粉"的目的。通常，会员体系在物质权益的设计上需要遵循简单实用的原则，需要具有明确的价值，让用户一目了然。

物质权益在当下的会员体系中十分常见，如会员积分系统、折扣卡，再比如云集的店主模式、Costco 的付费会员、京东 PLUS 会员、网易会员、优酷会员等，主要就是以若干物质权益的组合来塑造价值吸引点。

所谓精神权益，则主要体现为作为会员的认同感、特权感、参与感、归属感和仪式感。例如，专属的入会欢迎仪式、升级庆祝仪式、生日福利等，都能够从情感上让会员感受到品牌的关怀，加深会员与企业的情感羁绊，从而建立情感连接。

打造精神权益的方式,除了设置增强仪式感和身份认同感的项目之外,还可在服务上有具体体现。服务是离口碑最近的,口碑就来自超乎用户预期的服务。因此,通过一些服务手段也能让用户感受到被"特殊照顾"的特权感,从而建立情感连接。

台塑集团旗下的高端餐饮品牌王品牛排在打造会员的精神权益上颇有经验。他们对会员都会有一些特殊的服务和关照,比如订餐时会提前问会员要招待什么人,在用餐场景和仪式感上有没有什么需要特别布置的。而且每次他们都有一道会员菜,这道菜是会员专享的,别人花再多钱也买不到。就是这种差异化的服务,为会员创造了一种尊享感,会员的精神权益需求得到了极大的满足。

一套完善的会员权益体系不仅需要为用户提供物质权益,同时还需要为用户提供精神权益。这样才能保证用户的留存。而要想让会员体系发挥最大作用,则需要在为用户提供超乎预期的权益后,再通过运营与维护不断激励用户,刺激用户主动成长,为企业赋能。

2. 会员体系的运营与维护

会员体系的运营与维护主要是在对用户提供物质权益和精神权益保障的前提下,激励会员成长,促进会员关系与会员等级的递进。通常,企业会从积分、经验、等级、勋章、成就解锁、排行榜、积分兑换系统等方面完善会员成长激励体系。

在我调研和了解过的众多企业中,汾酒京东店铺的会员体系有许多可圈可点之处。

汾酒线上业务自 2017 年以后，销售额逐年呈指数级增长，短短 4 年时间，从千万级迈入 10 亿级的体量，汾酒的电商合作伙伴久爱致和公司功不可没。

汾酒京东店铺的用户主要分为三层，呈金字塔形。金字塔最下面一层是新用户层，主要为 0～1 星会员，是店铺拉新的主要来源，店铺为其提供新人专享价和新人专享福利等权益。金字塔中间为优质会员层，主要为 2～3 星会员，是店铺销量的主要来源，店铺为其提供会员专享价、会员专享满赠、会员专享福利等权益。金字塔顶端为核心会员层，主要为 4～5 星的店铺核心会员，店铺为其提供大客户专享赠品、酒厂游等高星会员专享权益。每月的 19—20 日被定为"汾酒会员嗨购日"，会员从 1 星到 5 星，是根据"消费金额 + 消费次数"的双重条件来划分的。例如：要想成为最高级别的 5 星会员，需要交易金额满 9 999 元并消费超过 20 次。

会员体系的运营和维护不仅需要长期持续的日常工作，而且需要通过活动、核心销售日等，利用数智化工具进行更全面、具体、有针对性的策划和执行。

以汾酒京东店铺为例。在用户运营和营销的联动部分，它主要借助于京东数坊的支持，实现对用户的洞察和管理，并以洞察输出和策略制定的方式进行策略输出。而平时投放的营销推广，在持续触达用户、获取店铺忠实用户的同时，也将平台站内以及站外（如头条、抖音等）的用户数据沉淀到会员体系中。

活动则是与用户沟通和建立激励体系的一种方式，不管是线上活动还是线下活动，内容形式都可以多样化。可以根据重要节假日、根据热点进行活动策划，也可以通过日常性活动提高用户活跃度，比如签到、登录后获取积分或优惠券等。

通过对会员体系的运营和维护，能够把新老用户群体交替作为重点人群，将营销与拉新、高价值用户维系和大促"收割"三部分相结合来覆盖会员整体，再通过各种新玩法不断刺激会员的需求。在运营拉新方面，通过历史交易确定私域人群，将与品牌有过互动或者浏览过产品的人群划分为半私域人群，而将品类人群和跨品类人群划分为公域人群。通过攻守结合的方式，在"人、货、场"三方同步运营。**在"攻"的方面，**既要做到跨品牌拉新和竞品拉新，也要注重货品分析，持续关注行业、品牌货品流转和新品上新数据。**在"守"的方面，**要做到用户全链路运营和渠道联动的相互配合，既要做到对高价值用户的留存、对常态老客的消费升级、对流失老客的召回，也要做到营销结果的沉淀和渠道效果的评估。将运营从"人"逐渐辐射到"货""场"上。

值得注意的是，在会员体系的运营和维护过程中，我们需要时刻保持警觉。在为会员提供物质权益保障时，应遵循以下两项重要原则。

一是讲信用，承诺的事情就要做到。绝不能在会员协议里与用户玩文字游戏，这样到最后伤害的是品牌的商誉和口碑，得不偿失。而且要将会员享受哪些权益明明白白地告知对方，并做好及时提醒工作。

二是要创造会员获得产品和服务的便利条件。比如会员卡可以全国通用，除了门店，在 APP、小程序、微商城同样可以使用。

除此之外，我觉得当下企业在运营和维护会员体系时，可以把更多精力放在**精神权益的维护和保障上。**

物质权益拼的是品牌的实力以及生态连接组合能力，这对于一些小品牌来说可能门槛较高，但在精神权益方面，只要肯用心、肯下功夫，很容易有所突破。尤其是微信为会员体系运营和维护提供了许多非常好的工具，比如个人号、服务号、订阅号、社群，通过这些号群矩阵可以更高效、紧密地把会员与品牌联系在一起。

以孩子王为例，他们以育儿顾问作为连接点，打造了成千上万的个人号和多个社群矩阵，实现了与会员的即时沟通互动。比如在社群里，会员有任何育儿方面的难题都可以随时请教育儿顾问，育儿顾问会给出耐心的解答，在一来一往中逐渐加深了彼此的信任和情感，也增强了会员对品牌的归属感和提高了会员的忠诚度。

一套完善的会员权益体系，需要经过不断试错和调整，才能最终成型。它需要随着市场变化和用户需求的变化优化迭代。而我们需要做的则是时刻保持对变化的高敏感度，永远为会员考虑更多，为他们提供超出预期的服务与体验。只有这样，我们才能做到让用户留存，让用户规模不断扩大。

● 变现、转化与裂变："留量"的无限正向循环

早在 2018 年，我就开始强调留量思维。因为经过十几年的飞速发展，互联网的移动红利几乎已经见底了，各大品牌和商家都在感叹"流量真的太贵了"。而留量思维却可以让我们通过工具和手段把流量留存下来，变成可反复触达、可识别标记、可运营管理的用户资产。正如我在前面提到的，如果流量时代的价值链是单向的"拉新—成交"，那么留量时代的价值链则是"拉新—成交与用户沉淀—用户运营—社交裂变"。

①拉新：在公域平台通过好的产品、服务或技术手段，将用户吸引到私域流量池中。

②成交与用户沉淀：依靠优质的内容和有价值的活动促成与用户的交易，并将用户沉淀下来，转化为可以留存的粉丝、回头客。

③用户运营：利用数智化技术和工具实现用户在线和用户分级，找出核心用户，再通过精细化运营实现用户留存，将用户转化为企业资产。

④社交裂变：建立有效的分享裂变机制，与粉丝建立深层次利益关系，让粉丝成为渠道，生产内容、传播内容，并最终通过社交媒体将用户口碑扩散到公域平台中，吸引新一轮的拉新。

这是一个可以无限正向循环的价值链，社交裂变是其中至关重要的一环。

利用留量思维的这一价值链而成功的业态或品牌有很多，有自主创业的电商平台云集，有依托强大的微信平台而迅速崛起的微信视频号，还有彩妆行业的"新贵"完美日记。下面我们就一起来梳理一下，它们是如何依靠留量思维产生裂变而获得成功的。

纵观云集一路的发展，从最早的"微商平台""社交电商"转向"会员电商"，在我看来，这不仅是一种商业模式的进化，也是向美国 Costco 主动学习的结果。但云集并没有照搬照抄，而是根据国内的实际营销环境做了相应的调整。

云集 CEO 肖尚略将云集用户分为四类：直购型用户、分享型用户、导购型用户、"网红"代言型用户。除了直购型用户为消费会员之外，其他三类均可视为渠道会员，显然所占比重较大。

Costco 商业模式的精髓就是"连接用户价值"，通过"高品控、低毛利"来建立价值吸引点，既对用户设置了门槛，又能创造用户强黏性。而云集的会员制度则是为了激励会员分销裂变而设计的，即通过分销商品和发展新会员来赚取佣金和返利。

我曾经接触过一些云集的会员，他们普遍反馈给我的信息是，充值成为会员，并不是看重云集上的商品，而是为了获得分销权限。也就是说，消费不是他们加入云集平台的最终目的，赚钱才是。

驱动点不同，往往也决定了价值导向和最终结果的不同。相比而言，

Costco 更为重视商品的把控和供应链运营能力，以保证会员的需求得到持续满足，而云集更看重社交的分销渠道裂变。

单从模式上来说，没有对错优劣之分。只能说此一时彼一时，在 Costco 那个时代，它的模式是最适合的，而在当下的移动互联网时代，云集可能更适应时代的节奏。

在这里分析 Costco 与云集的不同之处，其实就是想跟大家强调一点：云集的成功得益于社交媒体时代下，"人人即终端"的渠道红利，其渠道会员与消费会员的裂变发展模式值得大家学习。

我们再来看微信视频号。

微信视频号，顾名思义，就是基于微信的短视频平台。2020 年 1 月 21 日，微信视频号开始内测。不到 5 个月，张小龙在朋友圈宣布：微信视频号日活跃人数达到两亿。

在 2020 年下半年的一次更新之后，微信视频号不再是最初的信息流模式，而是增加了关注、朋友、热门、附近四个模块，方便用户迅速查看已关注的视频账号、所有好友点赞的视频、平台推荐给自己的视频以及附近用户发布的视频。同时，在个人页面中，微信视频号也增加了暂停和拖动进度条的功能。

更新后的微信视频号在信息层上更加清晰，提供了"订阅＋搜索＋社交推荐＋机器推荐＋位置推荐"的内容推荐模式，满足了用户不同角度的内容需求，大大提升了用户的使用体验。

微信视频号的成功，除了因为"背靠大树好乘凉"以外，有很大一部分原因来自成型的社交裂变模式。与其他视频平台不同，微信视频号的个性化算法推荐除了考虑位置、话题、粉丝数、互动完播数、赞粉比等外，更多的是依赖用户已有的社交关系。也就是说，在微信视频号中，用户会更多地刷到好友看过和赞过的视频，而非全平台海量数据推算下的热门视频。与此同时，用户发布的内容不仅会被用户的好友和粉丝看到，更能通过社交裂变逐步进入 11 亿用户的视野。

社交裂变的力量到底有多强大呢？简单举一个例子：假设通讯录里人均有 1 000 个微信好友，当你在微信视频号发布一条视频后，有 50 个好友为你点赞，那么这 50 个好友的通讯录里合计 50 000 人都会看到你的视频。以此类推，你的视频曝光量远超 5 万次！即使是完全的"冷启动"，你也有机会崭露头角。

完美日记迅速崛起之后，有很多人来问我：为什么完美日记可以做得这么好？有没有什么方法和经验可以学习借鉴？其实，完美日记的成功之处就在于，不仅吸引了用户、留下了用户，而且更重要的是让用户产生了裂变。

前面提到了，完美日记拥有强大的自建"鱼塘"的意识和能力，这与深度粉销黄金法则中的用户粉丝化类似。但这只是搭建会员体系的第一步，如果无法产生裂变，依然无法将会员体系做大做强。

那么，完美日记又是如何实现裂变的呢？

完美日记显然深谙留量思维的核心。当"小完子"把用户沉淀聚集到自己的私域流量池后，便开始做各种留存转化，以实现裂变。

在"小完子"的私域平台中，用户可以看到各种"秒杀"福利、活动推送和私聊推荐促销信息，还可以通过积分打卡、拉新返利、分享曝光等方式获益。这本质上是一种简单但有效的"精准裂变"，通过对用户的精细化运营，实现对用户留存、转化、复购、分享、拉新的全生命周期的进一步挖掘。换句话说，即通过利诱建立品牌与用户的深层次利益捆绑关系，使用户成为品牌的渠道。

当用户成为品牌的回头客，甚至推广大使和代言人时，才能让品牌与用户平等对话，才能搭建起互粉互助的桥梁，才能奠定用户裂变的基础，生意才能生生不息。

看到这儿或许有人会说，道理我们都懂，但复制起来并不容易。的确，不同的行业、不同的地域、不同的发展阶段会有不同的手段，但底层逻辑始终是相通的。

这是一条简单易懂的商业思路，和上面提到的云集、完美日记有着同样的底层逻辑，即"**拉新—成交与用户沉淀—用户运营—社交裂变**"。

总之，当各大平台、品牌、商家都把目光投向私域流量时，这是机遇也是挑战。用户是企业的朋友，真心与用户成为朋友，为他们提供切实价值，方能打造企业长期稳定的口碑。

🔴 会员清理与舍弃：学会再见，为了更好地遇见

如果会员真的想走，就让他们走。

在不断的沟通中会员会出现层次的差异，部分会员会消耗资源、占用成本，这是不可避免的，企业应清理这部分会员。这部分会员会阻碍发展的步伐，若久久不忍抛弃，虽不排除产生订单的可能性，但更多的是被他们退订、投诉，甚至举报，既降低品牌信誉度，也影响品牌形象。正确看待会员的流失是第一步，接下来应该对这些会员进行清理，保证会员的高质量。

当会员离开时，最重要的是及时、快速地进行调查。这样的调查不仅

有助于企业尽快了解会员离开的原因，更能敦促企业及时改进，并实施恰当的挽回措施。

● 经典案例　樊登读书：为什么它的会员呈指数级增长

2013年年底，在免费经济盛行的时候，樊登创办了国内首个从一开始就向用户收费的知识服务企业——樊登读书。到2021年，樊登读书已经走过8个年头。樊登读书的使命是"帮助3亿国人养成阅读习惯"。8年时间，樊登读书从一个小小的微信群不断发展壮大，成长为拥有接近5 000万注册用户的超大学习型社群组织。

在体量庞大的用户基础上，樊登读书APP的会员规模增长迅速，会员体系日渐稳定和完备。目前，樊登读书拥有三大会员产品：樊登讲书VIP会员产品，非凡精读馆VIP会员产品，李蕾慢读VIP会员产品。在新冠肺炎疫情冲击市场的2020年，樊登读书全年营收超10亿元。

显然，樊登读书的会员裂变速度可以用指数级增长来形容。而这指数级增长的背后，又隐藏着什么秘密呢？

1. 从0到1：在对的赛道，找到对的人

找准赛道，找到增量市场，这是一切增长的基础。

当2013年樊登做读书会时，国内还是免费经济当道，知识付费尚未成为发展趋势。可以说，樊登创办向用户收费的知识服务企业是逆势而为。但樊登读书火了。究其原因，主要有以下两方面。

一方面，这是时代造就的需求。我曾经在朋友圈和社群做过一个小调查，在137人中有84.7%的人感到焦虑。而知识是缓解焦虑的"良药"，

经济学家朱锡庆教授说过："每当出现经济大萧条时，背后深层原因肯定是人类知识出现了断层。"同样，焦虑感的产生也多是因为知识不够用了。所以，樊登率先找到了一个真实存在的增量需求。

另一方面，移动互联网及社群组织为读书会的商业变现提供了可能。读书会的组织形式早就有，但都是民间自发或者一些公益组织发起成立的，是各自独立的一个个小社群，无法形成规模效应。而互联网和移动互联网可以将千千万万个小社群连接起来，有助于商业变现策略迅速复制和推行。

显然，发现增量市场，找对真实需求，是樊登读书实现从 0 到 1 的一个起点。这里的增量市场不仅仅是指一个新生的空白市场，这是一种绝对的增量，还有一种是相对的增量，就是从存量中挖掘增量，通过新技术、新手段来改造传统的业务。

找到了一条对的赛道后，接下来便是去找目标用户。在寻找目标用户、从 0 到 1 搭建会员体系的过程中，樊登读书遵循了用户运营三大黄金法则中的第一条——圈层化，即先找出核心目标用户群体。我们不可能让所有的用户都成为粉丝，但一定要找到产品的核心用户，然后将内容做深做透，超出他们的预期，打动他们，让他们产生强烈的分享欲望和冲动，这就是口碑产生的过程。而口碑则是引爆用户的"导火索"。樊登读书首先将目标圈层锁定在了樊登个人的粉丝上。

樊登读书跟其他知识社群最大的不同就是它的线下代理体系。樊登读书的代理商，包括后来的书店加盟商，基本都是从樊登的粉丝转化过来的。在 2013 年樊登尝试建了一个微信群，在群里给听众讲书，愿意听的人付费进群，第一天进来 500 人，第二天就变成两个群。就这样，樊登读书有了最初的"一千个铁杆粉丝"，而这些粉丝基本都是听过他线下课的学生，最早的一批代理商也是从这里面孵化出来的。

他们就像樊登读书播撒下的一粒粒种子，在全国各地甚至是海外生根发芽、开花结果，与传统经销体系不同的是，他们与樊登读书之间不仅仅是一种代理和商业合作关系，还有一种独特的情感关系。他们欣赏樊登的学识，认同樊登读书的价值观，并且每个人都从中获益过，愿意将自己的感受和体验分享给他人。

除此之外，在会员拉新上，樊登读书还采用了"线上＋线下"共同发力，全渠道拉新的策略。

（1）线上：强吸引力的活动＋多平台营销

可以说，樊登读书在各个平台都在为会员拉新而努力。除了常规的拉新操作，如广告投放等，樊登读书在线上的会员拉新上还有以下两大拉新亮点。

①抓住核心销售日。自2017年4月23日第22个世界读书日起，樊登读书就开始在之后的每一个世界读书日开展"买一赠一"的会员优惠活动。此举曾遭到很多人的非议，认为这种行为会透支消费、透支品牌。但数据让质疑声自动消失，因为樊登读书的每次促销活动都能把销售平均值拉高两倍以上。

借助"世界读书日"这个核心销售日，越来越多的人开始接触樊登读书。正如樊登所说，如果没有这样的营销，很多人是没机会接触樊登读书的产品的。

②蚂蚁雄兵矩阵。在抖音上，就算你没有关注樊登读书的官方账号，你也总能刷到与樊登读书相关的内容。这主要是因为樊登读书的代理商体系形成了一个"蚂蚁雄兵矩阵"。这个矩阵共有超过2 000个分属不同公司、来自不同地区的账号，每个账号都会根据自己的风格调整和发布内容。与此同时，樊登与团队也一直坚持每周四晚上7点钟在抖音平台直播，推荐好书，并同步到快手平台。这不仅为樊登读书带去了流量和知名度，

带动了图书销售，而且为视频矩阵提供了更丰富的内容素材。因此，你总能"一不小心"就与樊登偶遇。

樊登读书是所有知识付费品牌中最早做视频的，樊登所讲的每本书都有视频，而且每本书的知识密度都很大，很适合拆分成具有信息点、知识点和爆点的短视频。同时，樊登读书所选的书通常都是与日常生活贴近且实用的内容，如育儿、沟通等，符合大众需求。不同年龄、性别、地域的人，都能在樊登读书的账号矩阵中遇到适合自己的内容。因此，在短视频当道的今天，樊登读书能乘势扩大影响力，在抖音上形成火爆的局面，吸引更多用户的关注，提高用户认知度。

（2）线下：数万场活动的积累

樊登读书与其他知识付费平台相比，有一个显著的特征，即强大的线下运营能力。其每年数万场线下活动的开展不仅得益于樊登本人的IP，更依托于樊登读书的代理商体系。在樊登读书，除了每年会举办十多场樊登个人的大型演讲活动，还有许多由地方读书会自发举办的线下主题活动。

为保证线下读书会的质量，维护樊登读书的品牌，樊登读书总部不仅会对分会代理商进行从价值观到运营能力的审核，还会对每一次活动的主题和活动效果进行跟踪和审核。这些线下活动的主题各不相同，分会代理商会结合当地特色和用户需求进行个性化、本土化的设计、调整和改进。而总部也建立了一套完善的考核指标，每年表现优秀的分会能获得得申请樊登本人参与当地线下活动的机会。

每年数万场的线下读书会无疑在各地为樊登读书打造了品牌知名度和亲和力，为樊登读书的会员拉新起到了重要作用。而这也是其他同类型品牌所不具备的能力。

当然，作为一个极度依赖内容质量的知识服务品牌，樊登读书在内容打造上的极致思维也是值得学习的。一个优秀的品牌必须从用户角度出发，为用户打造极致体验。这不仅包括优秀的产品设计和对内容品质的把控，保证每一个用户都能得到稳定且持续的良好消费和使用体验，还需要保证产品在价格和质量上的平衡。简而言之，需要从用户角度出发，实现深度的用户洞察和用户理解。显然，樊登读书做到了这一点。

当樊登读书在对的赛道上，用对的方法找到对的人，同时又用极致思维打磨产品，保证产品的体验力，其从 0 到 1 的成功也是顺理成章的。

2. 从 1 到 n：为会员提供超乎预期的价值

在樊登读书内部，就如何衡量一个产品能否成功，确立了三条标准：第一，要确保它是一个好产品，在产品力上无可挑剔；第二，需要判断它是否有裂变的潜力，并找准它的裂变关键点；第三，需要给它成长的时间，按企业生命周期，为它提供足够的业务时间和资源，最终形成复利效应。

依据以上三条标准，樊登读书在打造会员体系、实现从 1 到 n 的突破时，有的放矢地进行了精准的运营。

（1）打造完善的会员权益体系

樊登读书 APP 的会员体系内，樊登讲书是最主要也是收费规模最大的会员产品（如图 3-3 所示）。作为一项每年收费 365 元的会员产品，樊登讲书设计了能够满足不同用户需求、极具吸引力的会员权益（如图 3-4 所示）。这些会员权益的设置虽然简单，但在吸引力、实用性上都符合用户需求。

图 3-3　樊登讲书页面

图 3-4　樊登讲书 VIP 特权

深度粉销 2.0
低成本、爆发式增长的用户运营法则

① 会员专属折扣。开通樊登讲书 VIP 会员的用户，即可享受站内大部分内容的专属折扣，包括课程折扣、电子书折扣、训练营的 8.8 折和商城的 9.6 折。其中，商城折扣还可以与其他折扣叠加使用，为会员提供了最大限度的优惠。

② 虚拟礼品卡。开通樊登讲书 VIP 会员后，可获得 5 张虚拟礼品卡。通常，会员把这 5 张礼品卡赠予亲友时，不仅能够通过分享帮助樊登读书进一步宣传，让更多的人体验和了解樊登读书，礼品卡还可以作为"社交货币"让会员获得满足感和尊享感。

③ 专享成长礼包。樊登讲书 VIP 会员还可以免费获赠实用的新人专享成长礼包，其中包括 4 门"大咖"课和 3 本"大咖"精讲书，这些课程和书涉及人文、成长、亲子、历史、心灵、国学、管理、家庭等不同领域，并进行周期性的更新，为会员提供实质性的帮助和指导。

作为一个知识服务型 APP，樊登读书 APP 在会员权益的设计上遵循了"简单 + 实用"的原则，对会员具有很强的吸引力。

（2）建立会员分享激励机制

刺激分享是裂变的重要手段。除了优质的内容外，为了促进会员分享，樊登读书也设置了特有的分享激励机制。

① 产品交互机制。要想让用户主动分享，需要注意两点：一是操作简单；二是有利可图。而良好的产品交互机制正是为方便用户分享创造了条件。在樊登读书 APP 中，用户可以通过一个简单的分享功能键即刻将想分享的内容以"海报 + 二维码"的形式分享到微信、朋友圈、QQ、微博，还可以以链接形式分享到任何想分享的地方。

② 分享利益点机制。正如前面所说，用户主动分享的前提是用户有所得。樊登读书在会员激励上就设置了多种多样的玩法（如图 3-5 所示），让会员获得会员时长或积分等直观收益。例如，当会员进行分享

后，他的朋友通过分享海报中的二维码进行了听书体验，这位会员即可得到 3 天会员时长的回馈。这样低门槛的顺便分享行为既能为会员带来利益，还能让会员在分享的过程中获得被认可的满足感，形成一个良性循环。

图 3-5　樊登读书 APP 的分享与积分页面

樊登读书 APP 的积分体系和玩法已经相当成熟。在樊登读书 APP 中，你可以通过各种途径获取积分。例如，如果你邀请了一个朋友订阅樊登讲书并成为付费会员，你将获得 4 000 积分的奖励。这 4 000 积分在樊登读书 APP 的心选商城（如图 3-6 所示）中就相当于通用货币，会员可以兑换实体书、会员时长、课程、电子书等。

图 3-6　樊登读书 APP 的心选商城页面

很多樊登读书 APP 的付费会员在第一年成为会员后，就可以通过分享、积分兑换等实现免费的会员续期。

在樊登读书内部一直流传着一句话：好东西是自己长出来的。相信包括樊登讲书在内的各种会员权益也是经过不断试错和调整后才形成的，在未来也会继续升级迭代。当你永远比会员多想一步，为他们提供超过预期的体验，从 1 到 n 的增长就有了土壤和根基。

3. 从 n 到 ∞：不只是会员，更是"同路人"

也许你也发现了，樊登读书的"自来水"特别多。在我的朋友圈、微信群中，有许多自愿、自发、主动推荐樊登读书、分享樊登读书的人。稍加了解，不难发现这些人都是樊登读书的忠实用户，其中不少人已经成为樊登读书的代理商。

在樊登读书内部，有一个超级伙伴养成计划。这个计划的核心是将用户转变为付费会员，再发展为与樊登读书有"情感＋利益"双重捆绑连接的代理商。而这群人就是与樊登读书一起成长、共同进步的超级伙伴、"同路人"。值得注意的是，与我们想象的那种手握地方渠道资源和人际关系资源的代理商形象不同，樊登读书的代理商很多都是从零开始、背井离乡的人。

樊登分享过这样一个案例，展示了樊登读书代理商的典型形象。他说，樊登读书有一个代理商是山西人，也是樊登读书的忠实用户。他之前是一家汽车4S店的老总，管理着上万人，他的朋友圈常会有上千人点赞。问他是怎么做到的，他说很容易，早上训话5分钟，训完之后所有人点赞他的朋友圈。他最早就是这样管理员工的。后来，他有了两个孩子，人到中年，为了寻求事业的突破，他毅然辞职，成为樊登读书的代理商。他当时问樊登读书的工作人员，哪个城市还没有代理商，哪里能做他就去哪里。最后，他去了安徽，得到了很好的发展。同时，他的弟弟也在山西做着樊登读书的代理商。

从这个案例中樊登总结出一套寻找超级伙伴的经验：那些从零开始的用户试错和迭代的速度更快，也不受限，他们更愿意与樊登读书一起成长，一起寻找一套适合自己的方法论。这与传统代理商只想拿大单子、赚大钱不同，因为共同成长、共同进步才能建立更深厚的情感连接。

因此，樊登读书曾对自己的超级伙伴、"同路人"做出了以下要求和保证：第一，不是冲着赚快钱、赚大钱来的，而是凭借热爱而来的；第二，在不同的阶段，代理商需要扮演不同的角色；第三，樊登读书会给代理商极大的权限和自由，以期和伙伴们共建开放的生态。

大道至简。当樊登读书进入从 n 到 ∞ 的阶段后，更加意识到比起拼财力、渠道，最应该做的是做好产品，服务好每一位会员。只有对会员的服务到位了，让会员满意了，才能形成区域的品牌影响力。

在后疫情时代，樊登读书的很多会员所在的行业都受到了冲击。面对着这样艰难的环境，樊登读书也和会员们一起寻找共度困境的方法，帮助他们重振信心，找到适合自己的副业，甚至开创新的事业版图。

例如，樊登读书生态中出现了一个新的职业叫"翻转师"。经过樊登读书的培训和认证后，他们会以"翻转"的形式在线上或线下场景中，将樊登讲过的书或课程变成一场活动、一个培训，并通过活动组织建立社群、打造品牌，获取收益。此外，樊登读书中还有一个叫"知识主播"的职业。这个职业是在直播和短视频兴起后逐渐生长起来的。与传统的主播不同，首先，他们是认可樊登读书品牌、与樊登读书有情感连接的生态内用户；其次，他们对于分享樊登读书品牌和相关内容的内驱力特别强。因此，这也成为樊登读书生态内一个发展势头很好的职业。

所有有指数级增长的组织有一个共同的特点，就是拥有一个让其核心用户产生强烈共鸣的远大目标。比如，小米的"为发烧而生"，TED 的目标是"值得传播的思想"、奇点大学的理想是"为 10 亿人带来积极的影响"。而樊登读书的使命是"帮助 3 亿国人养成阅读习惯"。

樊登通过对一本本书的解读，将使命感和崇高的目标播种进越来越多的人心里，让樊登读书裂变为一个代理商、用户多方参与的品牌。基于此，樊登读书会员体系的成功也是顺理成章的。

CHAPTER 4

第四章

思维迭代：

向新而生，以数智化工具助力用户强转化

2021 年 2 月，中国互联网络信息中心（CNNIC）发布了第 47 次《中国互联网络发展状况统计报告》。报告显示，截至 2020 年 12 月，我国网民规模达 9.89 亿，较 2020 年 3 月增长 8 540 万，互联网普及率达 70.4%；手机网民规模达 9.86 亿，较 2020 年 3 月增长 8 885 万，网民使用手机上网的比例达 99.7%。

这串庞大数字的背后，是正在被互联网和移动互联网改变传统生活方式的我们。尤其是近 10 年移动互联网的发展，让我们的生活发生了天翻地覆的变化。技术的发展，为企业实现用户在线化和用户的精细化运营提供了可能。而用户的精细化运营背后，是可量化的数据和可控制的算法，在未来，拥有精密算法和数智化技术护航的企业，才能掌握核心竞争力。

迎战数智化时代：更具体、更精准、更高效

后疫情时代，线下零售、线下教育、实体娱乐餐饮、生产制造等行业都受到了冲击，这促使企业的数智化转型从纸上谈兵的战略规划变为企业发展的必由之路。如今，越来越多的企业开始意识到数智化变革的重要性，一头扎进了时代浪潮中，却并未真正想清楚，什么是数智化，为什么要向数智化转型，如何进行数智化转型？

接下来将为大家一一解答以上问题。

● 被数智化技术改变的商业世界

所谓"数智化"，我们可以简单理解为"数字化＋智能化"，是在过去数字化的基础上的进一步升级。它是指在大数据、AI、云计算、5G等技术手段的支持下，建立企业决策机制的自优化模型，实现智能化分析与管理，帮助企业优化现有业务价值链和管理价值链，增强企业规避风险、提升效能的能力，实现从业务运营到产品和服务创新，提升用户运营能力，构建企业适应时代特征的竞争优势，进而实现企业的转型升级。数智化是一个系统工程，存在于企业的方方面面。有效的数智化转型对企业提出了更高的要求。

从数字化到数智化，要求企业更加坚定地践行"以用户为中心"的原则，以真正满足用户需求为变革的驱动力；要求企业在完成精准的用户洞察后，充分利用数智化技术创新产品、服务、生产流程、分销系统，甚至

商业模式；要求企业对机遇和"风口"的把握更为敏感、准确，更快迭代，更多"试对"，及时止损，快速调整。此外，数智化还要求企业对信息和数据的获取、分析和运用能力实现质的提升，因为这是支撑企业做到"以用户为中心"的底层能力。

在数智化时代，企业所处的市场环境发生天翻地覆的变化。如果说过去的营销是千人一面的，那么今天的营销则是千人千面，甚至一人千面的。今天的企业要能够精准地找到自己的用户，知道他们的性别、年龄、职业、所处地域，甚至具体的消费习惯和偏好。换句话说，**大数据为企业清晰地描绘出了用户的模样，大数据甚至比用户更了解用户。**

过去，受到数智化技术和用户习惯的限制，营销往往是不聚焦的。通常，企业是通过传统媒体和公域平台发声，以"吆喝"吸引目标用户。而现在，5G时代技术的发展和智能终端的普及，尤其是用户消费习惯的改变，都使得品牌不得不开始重视商业世界的变革，迎战数智化时代。

数智化时代对企业最大的影响和要求，是利用数智化技术创新商业模式。这种创新对企业的影响是十分重大的，它会改变原来产业的竞争格局，让整个行业洗牌。一些企业会快速成长起来，另一些企业则会消亡，出现"沉舟侧畔千帆过，病树前头万木春"的局面。要谈数智化如何改变商业模式，首先就要了解什么是商业模式。商业模式的定义五花八门，我将其定义为：商业模式是对商业中创造价值、传递价值、支持价值和获取价值的系统描述，也是企业和利益相关者——用户、组织、渠道及其他合作伙伴之间的交易结构。

1. 用户数智化

营销实质上是一个和目标用户沟通的过程，让用户从"知道你"到"喜欢你"，进而产生真实的购买行为。与用户沟通的方式有很多，比如广告、公关、会议、活动、直播等，而沟通的主要目的，就是要将目标用户转化为实际消费的用户。当然，在今天企业和品牌获客的方式很多，既可以通过传统的线下路径获客，也可以通过线上路径获客。

随着互联网、移动互联网的发展以及智能手机的普及，越来越多的企业利用数智化技术实现了更高效、更及时、更精准的用户获取和用户洞察。利用数智化技术，企业可以清晰准确地获取用户的各种信息，并通过数据分析清晰描绘出用户画像，了解用户的消费习惯和喜恶。同时，数智化技术帮助企业建立完备且立体的营销体系，在与目标用户接触的每一个节点上多方面、多维度地影响目标用户。

在今天，数据呈现"海量"的特点，不断更新的数据为企业带来更多的价值。在数智化时代，充分利用用户数据，无疑为企业的运行、决策提供了更科学的参考依据。但凡事具有两面性，并非所有数据都能够产生相应的价值，企业需要经过数据分析及研究进行筛选，从中挖掘出自己所需要的用户信息。

2. 组织数智化

在数智化技术的推动下，组织内部、组织与外部沟通合作的信息成本都大大降低，点对点的直接联系成为可能，越来越多不必要的中间环节被剔除。另外，在组织内部，通过物联网、大数据、移动互联网等技术的应用，信息自动采集、实时传输，信息屏障正在被逐步打破。信息可以在组织不同层级之间快速流畅地传递和共享，而不必像传统组织那样自上而下地层层下达或自下而上地逐级汇报，同时也规避了信息在层层传递过程中的失真现象。

数智化时代的组织和个体的关系将不再是命令式的管控关系，而是赋能式的合作关系。数智化技术的应用让组织扁平化既成为原因，也成为结果。数智化组织要实现标准化和灵活性的统一，组织模块化将是必经的路径，因此企业必须打破各业务环节的强耦合关系，使之成为一个个可拆分、可配置、可组装的"插件"。组织模块突出功能化，将组织模块的内部流程封装，通过组织模块的接口向外部输出标准化的服务。

建立共享中心是组织模块化的典型方式，共享中心可提供标准化的服务，而服务的需求者在标准化服务的基础上根据自身特点定制个性化的方案。数智化时代，由于外部环境的动态变化，企业需要灵活轻巧地应对外界变化。因此企业需要将有限的资源投入自身的核心或战略性业务上，通过将非核心和非战略性业务外包或建立战略联盟的方式，促进自身的组织边界柔性化，从而降低经营成本，提升对外部环境的快速应对能力和核心竞争力。

3. 渠道数智化

数智化转型是利用数智化技术和能力来驱动企业商业模式创新和商业生态系统重构的一种途径和方法。**转型的目的是实现业务的转型、创新、增长，转型的核心是业务转型，转型的基石是数智化技术的发展。而数智化转型的本质是利用数智化技术重构业务，重构流程，重构组织**。在渠道方面，数智化技术让我们重新思考新渠道体系的搭建，帮助我们提高新渠道体系搭建的效率。

①一切以数据为基础。在传统经济时代，我们通过数据去了解我们的渠道合作伙伴，但在数智化时代，海量信息能够帮助我们从更多方面、更多角度了解渠道合作伙伴。举个例子，在过去很长一段时间里，渠道合作伙伴只是固定的平台和经销商，但现在，人人都可以成为我们的渠道，包括我们的用户，我们甚至可以根据数据为渠道画像。另外，数据之间不再孤立，数据与数据之间的关系可以让我们更好地了解细节。

②管理转向连接。不难发现，我们的渠道合作伙伴逐渐从以产品为中心慢慢转向以用户为中心。换言之，代理型渠道越来越少，集成型渠道越来越多。这是由于品牌红利越来越少，渠道越来越扁平化。唯有以用户为中心，用户需要什么就提供什么，将用户管理转向用户运营，与用户之间建立紧密的连接，才能实现粉丝渠道化。谁能把与用户的连接做好，谁就能在用户群体中取得决定性优势，而洞察用户、连接用户则需要数智化技术的支撑。

③全域渠道。渠道是从通路这个词演化来的，过去狭义的渠道特指代理商，现在我们则提出了全域营销。人人即媒介，媒介即渠道。从某种角度来说，每个用户都是一个终端。数智化时代的渠道概念不仅需要纵向扩展，采用多通路的方式；而且需要横向延伸，把渠道销售的范围扩大。当我们的渠道覆盖范围越广，机会就越多；链条越长，用户群体规模也就越大。

④处理竞合关系。在商业世界，没有永远的朋友，也没有永远的对手。时而竞争，时而合作会是一种常态。我们的数智化运营能力越强，在具体的项目中可选择的机会就越多。在精准数据的指导下，按需而变的流程，灵活的业务组织，丰富的外部资源等都将改变我们在商业市场上的竞合地位。

传统时代，我们有内部和外部的屏障。而数智化技术与工具为我们打破时间、地域、行业间的屏障，建立与用户更大范围、更具体、更紧密的连接，并为我们在与用户接触的每一个细节上发挥优势提供了可能，也让我们更具竞争力。

未来分工会越来越细，每一个行业都将有一套完整的产业链，里面有系统集成商，有零部件的生产商，有软件开发者等。未来的竞争看上去是企业和企业之间的竞争，其实是企业背后的产业链的竞争，最后获胜的企业往往代表了整个产业链的获胜。数智化让企业之间、企业与用户之间的交易成本变得越来越低，产业链管理者在设计商业模式时，必须充分考虑到互联网新技术对整个产业的产品、制度、流程、文化、管理的影响，才可能做到战略、组织、文化和领导力的匹配。数智化时代，企业需要善用资本来汇聚创新型技术人才，整合与推动组织的数智化转型。

精准营销：数智化时代的可能与必需

今天，每个人都会在互联网上留下越来越多的个性化数据，每天都可能被各种算法引导和"算计"。"在数据的指导下精准营销"开始被企业和品牌接受、认可。然而，在向数智化企业转型阶段，仍有许多问题需要面对。

1. 认识混乱

很多企业仍然处于大数据营销的认识混乱时期，这是一个非常困难的阶段。当企业面对海量数据，却意识不到数据的功能和重要性时，数据就是无用的，对企业找到用户、洞察用户毫无作用，更别说实现精准营销了。

2. 过分依赖合作伙伴

在竞争激烈的商业世界，企业的发展离不开合作伙伴，找到合适的合作伙伴，有助于提升自己的实力。但过分依赖合作伙伴，会使企业丧失思考能力。只有找到自己的核心竞争力，利用数智化技术不断提高自身竞争力，才能达到进退有度的目的。

3. 无智能数据库

大多数企业的数据来源很多，但是如何从众多的数据中挖掘有利的数据，则是一个大难题。而即使挖掘到有用的数据，企业各部门之间的数据没有联通，各部门难以交流，有用的数据也变得没用。这是许多向数智化转型的企业面对的窘境。

不过，虽然困难重重，但机会也随之而来。数智化技术的普及代表了一种新的经济形式正在逐渐壮大起来。数智化不是对传统产业的否决，而是对传统产业的升级换代。尤其是"移动互联网+"，加快了传统产业更新换代的步伐。**数智化技术与工具就像是给传统产业装上了一对翅膀，促使企业从研发到营销的效率的提高。**互联网与大数据的结合使企业与互联网进一步融合，企业依托互联网中的大数据分析，精准找到用户。

首先，要充分利用大数据技术了解用户的需求和问题。企业应筛选出有利的数据，进行整合处理，再对这些数据进行分析并加以利用。目前，大数据时代下企业实现互联网精准营销的方式有很多，比如设计制作网页来了解消费者的浏览偏好、爱好、点击量等，收集相关信息后进行整合处理，再进行一系列研究和分析。同时，还可以收集同行竞争对手的动向和重要数据，对其做出预测和制定相关策略；了解内外部信息，适应内外部的环境，准确把握行业的未来发展方向。

其次，要利用大数据对用户的消费行为进行定位分析，再进行精准营销。互联网便捷的消费方式，给用户带来不一样的消费体验，但同时也给企业带来很多竞争对手。在这种情况下，企业可以利用数据对目标用户进行准确的定位，从而获得更多更忠实的用户。在今天，先有用户，后有产品。通过大数据来了解用户的喜好和需求，才能围绕用户做出好产品，提供让用户满意的服务。

最后，要通过数据的收集与分析及时调整企业的营销策略。大数据的出现，能够帮助企业完善和调整营销策略，快速适应数智化时代的营销模式，对目标用户制定精准且有针对性的营销策略，以实现营销效果的最大化、最优化。

我们身处大数据时代，数智化技术正在逐渐渗透和改变我们的生活。企业和品牌向数智化转型迫在眉睫。在今天，**企业更加需要以用户为中心，利用互联网和移动互联网的基础设施，以及数智化技术，实现精准营销，提升企业竞争力。**

知行合一：从数智化思维到数智化运营

今天，企业的数智化转型并非空洞的口号或有待观望的潮流。数智化思维正在成为大势所趋，而从"知道"到"行动"，实现知行合一，是大多数企业必须攻克的难关。之所以称之为难关，是因为从树立数智化思维到真正实现企业的数智化运营，并非仅靠企业决策领导层的意识转变或是企业中某个部门的率先觉醒。它需要企业自上而下的认知统一，需要从决策到执行的各个层面的节奏调整，需要从组织架构到一线工作人员的固有思维转变。这并非易事。

● 数智化战略：自上而下，化虚为实，引爆真需求

在营销千人千面，甚至一人千面的今天，越来越多的企业和品牌将数智化定为未来发展的重要方向。在业务从线下向线上迁移的过程中，电商平台自有的 CRM 系统逐渐开始难以满足企业对用户洞察的需求。于是，定制化用户运营工具打开了新的市场局面。

1. 全渠道用户数字化

现代营销依赖于数据，而数据则是数智化时代中企业的重要资产。**数据的流动性越强，交互融合的商业可能性就越大；对用户的画像越清晰，企业运营用户的方向和路径也越清晰。**所有企业都明白应该从最基础的用户洞察做起，了解自己的用户是谁，了解用户的需求是什么。这看上去似乎很简单，但随着用户与企业互动触点的激增，这个简单的目标变得极其复杂。千人千面，甚至一人千面的局面使用户数字化的难度越来越大。唯有专业技术和工具的支持，才能让企业在面对"善变"的用户时有的放矢，提高准确性，直击用户的真实需求。

（1）用户数据收集（Link）

用户数据的收集是实现用户数字化的第一步。利用定制化工具，企业可以通过线上的广告投放平台、电商平台、官网、微信公众号、小程序、H5页面等采集用户信息，也可以通过线下门店的海报、产品包装上的二维码和线下活动等获取用户信息。通过这些途径，用户基本信息、用户行为数据、订单数据、消费偏好及用户价值评分都能一一呈现出来，形成对企业有用的数据池。

当然，对用户数据的收集并非只是简单的采集动作，还涉及数据的储存、清洗和全渠道的 ID 识别去重，最终形成一个满足企业需求、数据随时可以调动、能够及时更新的多维度数据库。

（2）用户数据运转（Flow）

静止不动的数据是没有价值的。只有快速对接企业内外部的各种数据源，包括广告、CRM、客服系统、网站、微信、APP、大数据分析与商业智能（BI）等，才能让数据流动起来，不断产生更大的价值。

（3）用户标签与用户分级

建立明确全面的标签体系，是用户洞察的关键。一套完整的用户标签体系（如图4-1所示）包括静态标签和动态标签两部分。静态标签包括用户属性（性别、地域、生日等）、用户基本信息（联系方式、来源渠道、行业身份等），以及企业根据自身需求为用户添加的标签。而动态标签则是可以实时更新的，能够根据用户的行为记录，如关注、浏览、互动、体验、消费等记录，获取用户的行为偏好和购买倾向。我们也可以根据用户的个人信息、线上线下的行为特征和互动特点、会员价值和购买行为等为用户进行标签分类，深度地洞察用户。

图4-1　用户标签体系

要想打造完整的标签体系，需要在用户的生命周期中，通过持续互动，不断完善和修正用户画像。 从首次获客、首次购买到注册会员、复购、分享的全过程，明确业务目标和应用场景的标签体系能够帮助企业更迅速地定位目标用户。

同时，清晰的标签体系能够帮助企业实现更准确的用户分层。用户分层的本质其实是一种类似于价格歧视的策略，针对不同的用户采取不同的策略，最终达到提升用户价值、提升每用户平均收入（ARPU）的作用。这也是为什么存在在不同的手机和账号下看到的商品价格不一样的现象，也就是所谓的大数据"杀熟"。

在今天，用户运营的中心从流量转移到了留量上。换言之，为已有用户提供更多价值，让他们"买得更多、更多地买"才是最重要的。按圈层来看，我们可以把用户分为以下四类。

第一类，高活跃高消费人群。这类用户是产品的忠实用户，愿意为产品付出时间和金钱，企业需要更好地服务这批用户。把 20% 的高活跃高消费人群服务好，可能会创造产品 80% 的收益，甚至更多。

第二类，高活跃低消费人群。这类用户虽然消费能力不强，但是为产品提供的活跃度高。虽然不能直接转化，但是如果能利用这些用户的扩散能力进行产品的拉新，利用这些用户的裂变能力为产品带来曝光和新用户，那么这类用户的价值也会得到体现。每一类用户都有其价值，企业应利用运营策略和产品机制将用户的价值发挥到极致。

第三类，低活跃高消费人群。这类用户虽然消费能力强，但是对于产品的要求也更严格，对产品的忠诚度不高。他们在多个产品中寻找自己想要的产品。

第四类，低活跃低消费人群。这类用户消费能力弱，也不活跃。所以对于这类用户，最重要的是先通过运营策略提升活跃度和消费能力中的一个指标，再逐渐进行转化。

对用户分层的主要目的是根据不同用户的数据表现形式，结合不同的资源位，将产品和信息推送给相应层级的用户，实现有针对性的用户转化。这种推送动作通常遵循两种逻辑。

其一，先完成用户分层，再由运营人员主动配置相应的资源位来进行分发——这是主动配置的用户分层策略，也是大多数企业的常规做法。

其二，数据分发的运营策略，即基于用户行为的变化，用户会被划分到不同的用户池中，再根据制定好的运营策略进行用户转化。这种策略一般用于用户体量大的情况，既能够节约人力，还能够有效提高流量利用率，把握流量节点。例如，淘宝、抖音、小红书等都会根据用户行为（点击、浏览、搜索等）的变化来为其推送相应的内容和商品。这体现了大数据对每一个用户的行为定位。

2. 业务信息化

我们可以通过收集、分析全渠道、全触点用户反馈数据，洞察用户喜好和需求，发现产品或服务存在的问题和机会点，指引产品、服务、市场等部门优化用户体验，全面提升用户满意度和忠诚度，实现品牌持续增长。

传统的企业业务，通常具有"三无"特征，即无常态化业务在线、无自动化数据处理系统、无闭环数据分析。而今天，在数智化工具的帮助下，业务信息化成为可能。第一，实现了 $7 \times 24 \times 365$ 的在线营销活动和全程按照用户习惯推进的沟通流程；第二，有了工具的助力，即使面对更丰富的数据源也能够通过高效的系统来处理数据，在提高效率的同时降低人力成本；第三，对数据的闭环分析使用户运营中的 MOT（moment of truth，关键时刻）管理得以不断优化。

业务信息化可以为用户运营带来如下优势。

（1）完整性优势

个人的线上行为维度数据、线下行为维度数据、订单维度数据、持有的产品维度数据、留资表单数据，个人资料数据、人际关系，个人和所属机构的关系，个人和相对应的网点、销售的关系，企业都可以了解到。数据可接收、存储、调用，详尽准确的数据支持企业做出精准的个性化营销设计；毛细血管型级别的自动化执行客户旅程；全渠道精准地识别不同阶段的营销目标人群。

（2）统一身份优势

企业可用全渠道身份合并机制 ONE-ID 统一用户身份，每个身份下的数据合并为一份用户档案，在多角度的用户画像下，了解相同用户行为背后的不同动机。企业应根据不同渠道的数据，了解客户需求和跨渠道营销的最佳时机、保持对新渠道合并的开放性。

（3）新数据获得优势

与合规的第三方数据标签平台合作，补足用户初始画像，并在与用户互动的过程中，设计植入更多环节来增强关键数据的捕捉能力，持续不断地获取新数据，保住数据的实效性。这样兼具差异性、实时性的有效数据能够帮助激发新的机遇，提高营销效率，增加营销精准度。值得注意的是，第一时间捕捉营销 MOT 会产生海量数据高并发，这对企业实时营销的稳定性是一大考验。而流式计算和批量计算一体化能帮助我们平稳度过至关重要的营销窗口期，这对建立时机优势、及时满足用户要求来说是无可替代的。

当然，业务信息化也对企业提出了更多的要求，为企业带来了更多的可能性。

①对营销人员技术层面的培训。业务信息化系统是技术型工具，不同营销场景需要组合运用多种业务信息化工具。进行全面系统的功能培训与测试，才能让员工更好地在实际营销转化环节熟练使用这一工具。

②减少市场、销售部门工作量，提升企业品牌传播力和获客效率。业务信息化可以大幅减少日常运维环节，如基础的数据质量审核、频繁的用户反馈响应、机械重复的内容推送等。除此之外，业务信息化的营销流程，让市场部门与销售部门的人员可以理清自己每个阶段的职责，避免交叉工作；业务信息化的自动孵化机制，能让市场部门与销售部门的人员仅在关键营销节点介入营销过程。使用价值打分功能能更快区分出高价值用户，制定更适宜的跟进策略，提升跟进效率。业务信息化让市场部门与销

售部门的人员可以将时间投入业务创新中，也就是优化营销战略，提升内容营销质量，提升品牌传播力及获客效率等方面，这也是业务生产率得以提升的基础。

③盘活企业用户数据资产，优化企业整体市场营销回报。建立一个有效的业务信息化流程，分步骤和阶段对企业用户数据进行触达，并自动向下一个数字化购买阶段推进，可以提升数据活跃度，在与用户保持较紧密的联系的同时，更能有效提升线索孵化比率，提升营销投资回报比率。业务信息化的企业营销节省了原本费时费力的重复性工作的时间，使得营销人员有更多的时间优化营销决策和战略，能为企业节省人工成本；也满足了用户全渠道的无缝体验需求，使整个服务转化流程衔接得更为紧密，从而优化用户体验。

3. 管理决策智能化

在后疫情时代，我们看到社会仿佛在一夜之间开始重构，迈向数字化。新的业务模式不断出现，在线办公、在线消费、在线学习等越来越被大家接受，从新生事物变成了不可或缺的新常态。中小企业的数字化进程也在加快，用户数字化和业务信息化越来越普及，数智化以唾手可得的方式融入业务流程中。

当然，**在享受可控、可见的数据为我们带来的便利的同时，我们必须意识到这一切都是为决策服务的。**决策是任意实体在各种选项之间做出选择的进程。而利用数智化技术实现管理决策智能化，往往涉及数据科学、社会学、管理科学等复杂科学，对企业的人力、物力、财力和技术能力都有极高的要求。

管理决策智能化的目标就是将信息转化为更好的行动，不论数据规模如何都能处理。

在过去，数据由于受时间、地域等因素的影响存在局限性，以当时的数据收集和处理水平为依据做决策，往往会陷入决策结果片面主观的境地。而今天，不仅是大数据时代，更是优质的"活"数据时代。**数据与业务的结合，以及在此基础上的模型和算法，还有云计算和大计算能力支撑的海量数据处理，是未来商业竞争真正比水平、比能力的地方**。企业获取和利用精、准、细的数据的背后，是商业逻辑的根本变化。

传统大众化时代，每个通路处理信息的效率是有限的，可匹配的能力是较低的，所以每个用户是在有限的几个选项中决策。对于企业来说，利用规模优势进入主要通路，并且尽量抢占头部位置，是商业竞争的核心。在此基础上的传统商业里的"精准"，是降低成本、提升利润的手段之一。

而进入互联网时代后，线上平台处理信息的效率和匹配能力几乎是无限高的，全世界的数据是连通的，每个用户是在多得多的可选项中决策。因此，企业在每个通路都必须优先向用户呈现最"精准"的选项，才有可能被选中。因此新商业时代，"精准"是商业竞争的核心，是产品和服务与用户连接的先决条件。

真正的管理决策智能化，不是仅靠一个领导或者部门就能实现的，它需要完善的组织架构和健全的部门定位，由企业自上而下共同努力来实现。通常情况下，企业数智化部门的主要定位是实现数据沉淀和整合，借由数智化技术发现问题并推动问题的解决，提高效率，发现新的增长机遇。这需要一个强大的数据中心作为核心来进行运营分析、行业分析和经营分析，实现数据洞察、产品研发推广和落地等不同维度的数据运用。而数据中心可以帮助产品部门进行策略分析，发现市场机会；帮助决策部门进行决策支持和动态预测；帮助供应链部门进行系统搭建和周转监控；帮助业务和财务部门进行经营监控和滚动预测。

● 传统企业的数智化之路：成败在此一举

2021 年"双十一"，相较于前几年稍显冷清，但部分传统企业本次大促成绩斐然，其中国窖 1573、汾酒青花、云南白药凭借傲人的成绩，重新吸引了大众目光。2021 年，在京东自营平台，传统酒品牌国窖 1573 10 月 31 日至 1 月 14 日的商品交易总额（GMV）达到 4 737 万元。汾酒青花连续 3 年稳坐京东"双十一"白酒店铺第一，2021 年前十月 GMV 同比增长 150%。云南白药做到了连续 8 年京东口腔类目第一，"双十二"近 30 天会员复购率达到 54.54%。

为什么后疫情时代商业下行的市场环境中，这些传统企业依然能在激烈竞争中脱颖而出？为什么传统行业的传统品牌在线上依然能大放异彩？事实上，这三份傲人成绩单的背后有同一个推手——久爱致和（北京）科技有限公司（简称"久爱致和"）。

作为一家基于数据的效果营销公司，久爱致和致力于以最专业、最精准、最高效的数智化技术和工具帮助各类企业，尤其是传统企业，实现数智化转型，以数据为基础，以效果为导向，以用户为中心，服务并守护企业的数智化转型之路。而我们复盘上述传统企业的成果，就能明白它们之所以能够在线上找到新增长空间，是因为它们做到了数智化决策、搭上了平台经济的"顺风车"。

在数智化转型风暴席卷市场的今天，传统企业数智化转型已势在必行，有的企业还在观望，有的企业刚刚开始尝试，有的企业已经迈出了脚步。可以说，传统企业能否乘着东风扶摇直上，直接决定了它们今后的命运。也正因为对于数智化趋势的深入洞察和钻研，久爱致和才能成为寻求数智化变革的企业的伙伴、助手、"同路人"。

那么，久爱致和是如何为传统企业提供数智化服务的呢？这离不开围绕其数智化部门的一系列运作。

2018 年，久爱致和正式成立专业的数智化部门，专攻数据沉淀与整合，帮助企业发现问题、解决问题，帮助企业提高营销效率，发现商机。在久爱致和内部有一个核心数据中心（如图 4-2 所示），为公司提供运营分析、行业分析、经营分析的指导和协助。围绕这一数据中心，公司各个部门也都有更为精准的数据运营团队协同作业。在外部，数据中心与产品中心、业务部门、供应链形成矩阵式组织，深入各个业务板块：助力产品中心完成策略分析，发掘市场机遇；助力业务部门完成决策支持和动态预测；助力供应链完成系统搭建和周转监控。同时，还为公司提供经营监控和滚动预测。而在公司内部，数据中心的职能以模块化分工的形式渗透每一个项目，为具体项目提供数据洞察、研发和推广上的指导和帮助。

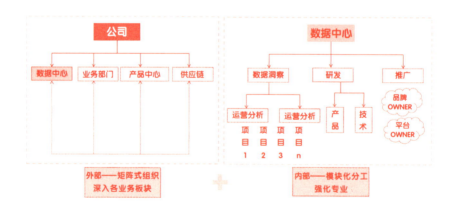

图 4-2　久爱致和数据中心的组织架构

在专业的数据中心协助下，传统企业的数智化转型之路有了明确的执行方向和方法，做到了结构化、动态化、可量化、可复盘的完整协同。这让传统企业真正迈出了数智化转型的第一步，牢牢打下了信息化建设的基础。

1. 从抽象的消费者到具体的用户

用户数据是企业的重要资产。对于企业来说，用户体验和信息的收集至关重要，数智化转型的过程中，只有将收集的用户信息转化为数字资产为企业服务，才能发挥用户信息的最大价值。如何将原有的业务和服务从线下迁移到线上成了传统企业的难题。

会员数据的互通成为许多传统企业数智化转型的第一步。企业通过多触点融合，将所有触点接触的会员信息进行沉淀，形成一个由同一会员体系、数据分析、精准画像、全域运营和周期关怀组成的全渠道会员运营体系；再根据精准策略和全程触达的玩法和互动模式，将人群再次进行划分并收集效果数据，并将数据反馈作用于二次营销和智能导向营销。这里的会员不再是传统意义上的下单会员和开卡会员，而是信息可跨店互通、线上线下互通的品牌会员。根据品牌会员的订单信息可做精细化分析，使会员信息脱离平台还可以被获得。在 2021 年"双十一"表现出色的汾酒集团主打店铺渠道，形成了"洞察—完善体系—运营—复盘"的会员运营闭环，以京东自营店铺、京东官方旗舰店、天猫超市为主要渠道，实现短期的拉新和复购目标，长期的沉淀资产目标。从汾酒京东渠道会员开始，搭建等级积分体系，再到站内站外"共振"，通过会员的微信好友、朋友圈、公众号三个渠道和京东站内的积分活动，做到精准营销，提升复购率，达到沉淀品牌用户资产、增加会员总量的目标。同时，通过京东 FBP（京东为商家提供的独立操作后台）销售的汾酒高端青花占比从 2018 年的37% 提升到 2021 年的 45%。

用动态的数据刻画用户的一人千面，用数智化工具和技术赋能用户洞察，形成用户数智化管理全链路，直击用户真实需求，从而实现企业的营收增长目标。

2. 让业务可视化

数字经济是未来十年最重要的商业机遇。而在大部分企业的架构中，因为缺失数智化部门，所以无法将业务信息数智化。企业短期内也无法组建一个服务于数智化的部门，所以对于许多传统企业来说，寻求第三方力量的帮助可能是更好的选择。

数智化部门的核心是将业务信息化，主要是把业务的逻辑变成结构化的内容，然后去做可视化呈现。首先要拆解指标，根据指标将梳理整个环节，驱动各个部门间的协同，提升整体时效。

传统酒企泸州老窖在选择业务信息化的数智化工具时，选择了直播这一新渠道。从 2020 年 6 月 1 日第一场直播开始，1 000 余场直播，4 500 多个小时的直播时长，交易额达 1.3 亿元。在 2021 年的"双十一"直播中，泸州老窖单场交易额突破 750 万元，在直播间排位赛中居第一。泸州老窖通过公域、私域的多渠道透明传播，利用直播间新品、"爆品"吸引粉丝；再通过酒文化"种草"，指定时间段单品优惠，"秒杀"、预付、提前购等培养更紧密的用户关系；最后通过多场景、多方式、多角度和粉丝互动，将粉丝福利分层，助力大促点的爆发，实现粉丝到会员的转化、维护和留存，提升会员的活跃度，提升投资营销回报比。

更高的要求伴随着更多的机遇。企业通过收集、分析全渠道、全触点用户反馈数据，洞察用户喜好和需求，发现产品或服务存在的问题和机会点，指引产品、服务、市场等部门优化用户体验，全面提升用户满意度和忠诚度，实现品牌持续增长，从而实现业务信息化。

3. 让管理决策有据可依

管理决策智能化是未来的大趋势，但是目前大多数企业和数智化服务公司的主要工作在于基础数据收集整合＋推广、会员业务经验结构化。而面对新的互联网环境，传统行业面临的最大的挑战在于管理决策智能化、业务经验结构化，其次是接口式完整获取平台数据。

管理决策智能化是根据数据通过 AI 算法直接得出结论。企业会通过对内部数据、多渠道平台数据、企业能找到的外部支撑数据的分析，最终得出相关的用户产品目标导向。数据只是材料，服务于业务，核心是通过数据为业务增值。许多企业还处在信息化建设的基础阶段，要想利用能看到的数据去理解业务、提升业务、达到目标，还需要一些时间。管理决策智能化要建立在和用户的持续性互动关系之上，在这种持续性互动关系中，对产品（服务）进行迭代和优化，从而使决策更加精准。同时，要与用户建立持续性互动关系，就必须以个性化、一对一的方法来实现与用户的连接。但要同时和海量用户持续互动，就必须依赖一个协同网络，如此才能支撑个性化的服务体系。

能否处理海量数据，向客户提供最精准的服务，成为数智化时代能否实现商业目标的关键。目前已经有在互联网平台随处可见的智能客服，预示着即将到来的数智化时代，如何建立持续性互动关系，精准获取用户需求，反馈用户偏好，是未来管理决策智能化的探索方向。

在数智化商业的大环境中，数智化转型是传统企业实现业务增长的必经之路。数智化是从上至下的认知统一，既要管理层、决策层认识到其重要性，也要一线员工切实执行。传统企业通过第三方数智化服务公司，来实现数智化转型的发展目标，实现了"老品牌，新思路"的新发展方向。像久爱致和这样专业提供数智化服务的效果营销公司，将成为越来越多传统企业的选择，其服务也必将快速更新迭代，更全面、更先进、更完备。而传统企业能否在数智化转型过程中，保持自己的优势，找到真正高效、有价值的伙伴，适应新的市场模式，还需拭目以待。

● 经典案例　青岛啤酒：以数智化创新撬动行业变革

在我国，相较于历史悠久的白酒在资本市场上的火热，啤酒企业间的竞争更加激烈。

啤酒来到中国的时间并不长，上可追溯至清光绪二十六年（1900年）。当年，俄国人在哈尔滨建立了乌卢布列夫斯基啤酒厂，也就是哈尔滨啤酒的前身。3年后，一群来自英国和德国的啤酒酿造师在山东青岛合营英德啤酒厂，即青岛啤酒厂的前身，这是我国第一家现代化啤酒厂。随后，北京、广州、上海等地纷纷建立啤酒厂，中国的啤酒市场正式展开。与此同时，围绕啤酒市场，延续上百年的竞争也就此拉开序幕。而其中最先崛起的当属青岛啤酒。1993 年 7 月 15 日，青岛啤酒同时在 A 股和港股上市，成为内地第一个到香港上市的企业，奠定了市场地位。

数据显示，青岛啤酒 2021 年第一季度营收约 89.28 亿元，同比增长 41.87%；净利润约 10.22 亿元，同比增长 90.26%。青岛啤酒 2020 年年报显示，青岛啤酒的主营业务为啤酒，占营收比例为 98.48%；公司全年累计实现产品销量 782 万千升。在全球经济普遍受疫情冲击的情况下，青岛啤酒的业绩依然保持稳定。这份稳定背后，有何玄机？

1. 认知层：数智化战略部署

过去，啤酒行业一直上演着"大鱼吃小鱼，小鱼吃虾米"的资本并购故事，啤酒企业要想获得更多利润，最常见的做法就是收购吞并地方小厂，占领更多市场份额。啤酒行业间的竞争壁垒主要集中于规模和渠道。

今天，我国啤酒市场已经从供不应求转变为高速发展、趋近饱和。啤酒企业的生存环境也发生了天翻地覆的变化。唯有看清变化，方能立于不败之地。

第一，互联网和移动互联网技术的全面发展和普及彻底颠覆了各行业、各领域的传统营销逻辑；第二，随着消费观念升级，用户消费需求逐渐呈现多样化、圈层化的态势；第三，针对线下规模和渠道的粗放型拓展已无法实现突破，建立针对线下渠道的精细化运营、打通"线上＋线下＋社群"三位一体的渠道模式是当务之急；第四，大数据技术的发展实现了"货找人"，精准触达用户，满足不同用户在不同消费场景下的不同需求，成为啤酒企业的绝佳机会。

基于以上变化，青岛啤酒提出用数字化重构产业生态，在价值链上重新部署了智能化数字技术，建立起完善的电商系统和终端系统，不仅解决了行业生产周期长、生产预测难等问题，而且填补了啤酒饮料行业的空白，引领行业转型。正如青岛啤酒集团党委书记、董事长黄克兴所说，青岛啤酒以消费者体验为中心的数字化、智能化转型，将更快、更精准地满足并引领消费者个性化、多元化、便捷化、高端化的需求。未来，青岛啤酒将以消费者需求为导向，在夯实品质根基的同时，不断借助工业互联网赋能传统产业，助力质量再提升、引领产业再突破。同时，提升全系统质量控制能力、供给侧结构水平，为用户创造全方位"超预期"的产品体验和精神享受。

2. 实操：打造行业首个赋码营销案例

通过用户简单的"扫码"动作（如图4-3所示）即可实现品牌、产品与用户的深度连接。这正是青岛啤酒在数智化营销上的一次创造性实践。这样一个从线下到线上的场景转变，背后离不开数智化运营能力和用户大数据的支撑。

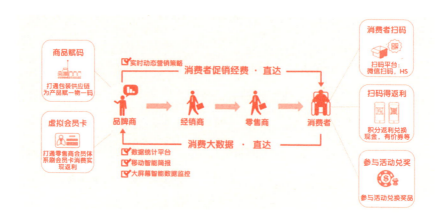

图 4-3　青岛啤酒一物一码作用路径

2016年，青岛啤酒携手 V 积分智能营销平台，通过 V 积分一物一码智能营销平台打造出行业首个赋码营销案例。V 积分一物一码智能营销平台是通过在每一个商品上赋一个唯一的二维码（一物一码），以消费品营销特点为基础背景，开发的一套基于移动互联网的营销和大数据平台系统。一物一码体系实现了让消费终点成为营销起点，致力于打造大数据营销闭环。

青岛啤酒通过V积分智能营销平台，锁定"人、场、货"以实现灵活、实时、精准的营销策略，提高品牌促销效率（如图4-4所示）。对促销活动可实现以地理坐标为基础，精准锁定目标投放区域，细至街道门店或小区的精准投放；以时间为基础，可以设置爆点规则，如通过设置每10分钟一个8.8元爆点红包即可实现用户免费畅享青岛啤酒的规则，刺激用户扫码参与活动，实现细至分秒的精准活动投放；以用户画像为基础，可以进行千人千面差异化投放，提高投放效率。

图4-4　青岛啤酒利用一物一码精准投放促销活动

同时在2B渠道链营销上，通过指定角色用户扫码，数据均能实时反馈到品牌方数据管理后台，帮助企业管理者实时了解终端铺货、动销等情况，彻底告别业务人员手动录入信息的时代，通过一物一码实现渠道管理数智化。对进货、出货的双链管理，把控终端动销，有效减少了企业终端运营成本，提升了运营效率。

3. 搭建品牌私域流量体系三部曲

消费品运营的本质是用户运营。

基于第一性原理，青岛啤酒在全面打造品牌数智化营销体系的实践中，与V积分共同实现了围绕消费者展开的战略升级，解决了"我的消费者在哪里？我的消费者是什么样子？我的消费者如何激活？"的三大难题，提出了搭建品牌私域流量体系三部曲： 找到消费者—看清消费者—提升消费者。

（1）找到消费者：消费者在线化的基础

区别于一般赋码服务商将服务的起点设置在供应链端赋码和消费者扫码环节，V 积分将服务的目标设置在品牌企业营销的原点，即通过与品牌共创更大地拉动销量。销量的核心贡献来源于消费者，所以找到消费者、实现消费者在线化是品牌搭建私域流量体系的第一步。

通过 V 积分一物一码智能营销平台，青岛啤酒有能力实现全量在线化和全角色在线化。2019 年年底，基于青岛啤酒产品结构及不同市场地域特性，V 积分创新开发"一元乐享"等营销模板，并结合不同市场特性总结出"一元乐享"的两种市场形态，有针对性地提出了三种不同营销解决方案，以此满足不同市场结构下的消费者在线化需求。另外，基于青岛啤酒庞大的服务员基础，充分利用服务员营销赋能，通过点对点推广引导真实消费者在线化。

（2）看清消费者：打造私域流量体系的基础

利用一物一码平台产生的新鲜度、动销度等指标模型，结合大数据中心的基础数据、用户标签、行为算法、营销模型等要素，使用标签、聚类分析和模型将消费者分成上万个具有不同行为特征特点的聚类群组，通过 AI 算法对上述群组行为特征加以分析并匹配不同的产品策略。青岛啤酒通过标签、聚类分析、大数据技术进行分层、分类、分角色的消费者管理，实时动态识别品牌低忠诚度消费者、普通消费者、忠实消费者以及核心消费者。2021 年春节期间，通过大数据分析识别出青岛啤酒某市场 20% 的核心用户销量贡献占比 80%，则后续营销重点将倾向这 20% 的核心用户，避免资源平均化，提升整体运营效率。

（3）提升消费者：基于数据与算法的消费者精细化运营

一切营销的终点都是实现消费者"买得更多、更多地买"。看清消费者后如何提升消费者是品牌用户力构建中最重要的篇章，青岛啤酒长期坚持的消费者在线化运营为其品牌全域营销体系的建立打下了坚实基础。

通过品牌营销机器人，以 AI 大数据算法为后台基础，结合消费者画像、消费场景、消费时间等多维度数据，利用"消费容量拉升模型""情与利模型""消费场景模型"等多种模型算法，以扫码页面、品牌公众号、小程序、微信客服、AI 语音外呼等多场景触点，与消费者展开一对一对话。品牌营销可以细至单个消费者，全面覆盖消费前、消费中、消费后各阶段，彻底地改变品牌与消费者的对话模式，将过去"通过大众传媒投放广告＋线下活动"的消费者对话模式升级为与海量消费者展开数智化、自动化的点对点互动，进而实现一个数智化的首席营销官（CMO）面对一亿个消费者的品牌人格化智能营销。

如品牌机器人可以在识别出忠实消费者线下开瓶扫码的同时，向其推送线上同品类优惠券，引导消费者线上商城一键下单，即实现消费者快速回流复购，助力品牌线下线上全域营销。

截至 2020 年，青岛啤酒已有超过 2/3 的市场实现消费者数据在线化；通过 V 积分智能营销平台已和超过 5 500 万真实消费者建立连接，将主品牌产品的消费新鲜度数据从过去的平均 110 天逐渐提升到 70 ～ 80 天，并在旺季能够实现小于 45 天，让消费者喝到更新鲜的啤酒。

对于青岛啤酒而言，一物一码消费者数智化营销，打开了属于青岛啤酒的消费者世界大门。通过一物一码智能营销平台与消费者建立连接，使之实现在线化，同时将主要营销资源进行资产数智化。通过私域消费者会员运营平台，搭建"找到消费者—看清消费者—提升消费者"的私域流量体系，与消费者持续建立最多可达十余个数智化双向交互触点，通过多重消费者交互，解码消费者需求。数智化营销不仅提高了消费者对青岛啤酒的忠诚度，提升了消费者与品牌的黏性，同时还实现了品牌对消费者的有效触达，最终形成更好的销售转化，有效地提升品牌促销效率。

优秀的企业都有一个共性，就是在不断地进行自我成长和迭代。后疫情时代，青岛啤酒用数智化重构产业生态，交出了亮眼答卷，也奠定了未来青岛啤酒实现高质量跨越式发展的坚实基础。从采购到研发制造，再到销售数智化正在逐步贯穿青岛啤酒全产业链，用数智化技术打造全感知、全链接、全场景、全数据的"数智化青啤"指日可待。

工具革命：用最高效的工具，击穿最痛的点

随着 5G 技术的发展和智能设备的普及，手机从通信工具化身为"万物互联"的基础设施和集成入口。在今天，数字化、智能化正逐渐成为现代品牌的必要条件：一方面，企业的生产流程需要全新的工具和设备；另一方面，新的平台和技术手段也正在帮助品牌不断强化自身，并借助数据能力精准抵达目标用户。与此同时，用户新的消费方式以及咨询获取方式、社群联系方式都随着数智化技术的发展而迭代升级。

在多元化和个性化的数智化进程中，依附于智能设备的互联网、移动互联网公共工具为品牌科学地营销和精准地运营用户提供了可能。

● 借力微信生态，掌握人人可用的数智化工具

微信是全国乃至全球用户最多、用户在线时长最长的 APP 之一。从微信公众号到小程序到视频故事，再到今天的视频号，微信几乎已经成为流量变现的基础语境中，首要考虑的背景之一。在微信生态之中，存活着数以万计的个人、公司和平台，领域涉及流量、电商、教育、服务、游戏等多种业态。可以说，微信生态的多样性几乎相当于 APP 生态。

2020 年，研究机构 Trustdata 发布的数据显示，微信以超过 10 亿的 MAU 成为我国当之无愧的国民级社交应用。这一地位迄今无可动摇。夸张地说，在国内只要你使用智能手机，就一定会使用微信。**微信作为新世界中无所不在的 APP，早已从一个单一的工具型社交应用转变为一种开放式的服务平台，衍生出了自有生态**。依托微信，我们实现了以小程序为核心的应用体系与内容体系（朋友圈、微信群、企业微信、公众号、视频号）及相关广告体系的相互嵌套，通过导流、社群、支付、通信等功能实现了微信生态内的良性循环，并实现了微信与外部各类型 APP 的联动。也因此，微信渗透了人们的生活服务、办公商务、购物消费、视频娱乐、出行理财等各个方面。在互联网增量见底、流量思维失灵的情况下，微信就像一个向企业和品牌开放的"鱼塘"，在这里，企业和品牌可以通过 LBS、AI、5G 通信、物联网等技术打通线上线下渠道，搭建私域流量体系，实现用户在线化，实现与用户随时随地、免费地一对一沟通。而这是在旧世界想也不敢想的画面。

微信生态如同地球的生态圈，由多个部分构成，每个部分都有自己的作用和特点，也在不断被使用的过程中，形成了自有的特色。

1. 个人微信号

私域流量，是后疫情时代热门的营销议题，也是能够被内容创作者主动掌握的流量，即通过个人品牌、影响力等吸引到的流量。而今天，大部分人拥有一个甚至多个个人微信号。个人微信号为个人积累用户资产提供了条件。换言之，**拥有了个人微信号，就拥有了打造个人品牌、实现变现转化的钥匙——重点在于你如何经营它**。通常，通过个人微信号进行用户资产沉淀，主要有以下三个途径。

（1）加好友、一对一对话

一个个人微信号可以加 5 000 个好友，这 5 000 人就是你的用户资产、你的渠道，甚至是你的生意伙伴。当然，从用户运营的角度来说，通讯录里的好友筛选也是十分重要的。例如，如果你的业务方向是时尚彩妆，加满 5 000 个活跃的年轻女性就意味着你已经拥有了更高质量的潜在用户群体。一对一的交流弊端十分明显：离开工具的帮助，很难实现信息的批量化触达。但其优点是转化率高、复购率高，很容易通过一对一的交流建立信任关系。

（2）朋友圈

微信朋友圈原本的功能是社交。用户可以通过朋友圈发布文字、图片和短视频，也可以通过其他软件将文章或者音乐等分享到朋友圈。**朋友圈相当于微信用户的一个免费广告位**。有目的地经营和发布朋友圈，能为你创造价值和商机。一方面，朋友圈能够帮助你"立人设"，通过发布朋友圈，你可以塑造你的基本特征和专业度。例如，我的朋友圈经常发布或转发营销、酒行业相关的内容，因此也经常遇到与我探讨、请教相关问题的朋友。另一方面，朋友圈可以直接成为你发布商品信息的平台。大多数代购或微商就是这么做的。

（3）运营社群（微信群）

微信群是微信中用于多人聊天交流的功能，群内用户可以通过网络快速发送语音、视频、图片和文字。各种各样的工作群、团购群、家长群、读书群、培训群、门店群和品牌会员群……只要你需要，总能找到相应的群。

在新冠肺炎疫情的影响下，用户在线率大幅度提高。微信群作为社群的一个载体，承担了将线下用户往线上迁移的职能。但在运营社群的过程中，很多运营者陷入了一个误区：认为建群后，在群里发广告就是社群运营。事实上，**真正的社群运营需要制定统一的价值观和规则，需要建立群内成员之间的身份认同和情感连接，需要投入大量的时间和精力。**

运营社群是一把双刃剑。做好了，口碑和销量双丰收；做不好，不仅会丢掉目标用户，还会为品牌带来差评，造成反噬。

2. 微信公众平台

微信公众平台是运营者通过订阅号、服务号、企业微信、小程序等为微信用户提供资讯和服务的平台。微信公众平台不仅有信息、资讯推送的功能，还有与用户交流、管理用户、用户洞察等功能，并能够通过小程序等向用户提供更多、更丰富的拓展功能，如 B2C、B2B、B2B2C 各类型的电商服务等。

随着国家管控日渐严格，订阅号、服务号以及个人微信号开始受限。在我看来，企业微信和小程序将成为未来微信生态中重要的工具。

（1）企业微信

企业微信原属于企业号，它是一款企业辅助工具，最初主要用于企业内部沟通和内部办公管理，和钉钉属于同一类型。**企业微信代表了企业本身，企业可以在企业微信和微信个人号互通的基础上做大量的运营、引**

流、转化、管理等工作。它不仅是办公协同软件，**更是搭建私域流量体系重要的基础设施。**

随着市场需求的变化，企业微信一直在不断更新迭代。在企业微信2020 年度大会上，企业微信更新了四项功能：客户群人数上限从 200 人增加到 500 人；企业可以在客户群发放客户群红包；提供防骚扰、防广告、黑名单、禁止修改群名、群成员去重等群管理功能；优化了离职 /在职继承功能。而在 2022 年 1 月的"企业微信"发布会上，企业微信又更新了三项重要功能：第一，将腾讯会议、腾讯文档融入企业微信，增强其办公协同功能；第二，强化并完善了企业微信与视频号的连接，正式推出微信客服，优化了群管理工具——这对于私域流量体系的运营意义重大；第三，将上游供应商和下游经销商连接起来，助力企业打通上下游渠道链。

如此一来，企业微信为企业提供了更多商业化的可能。企业微信为企业提供了连接企业与用户的条件，在未来会成为企业数智化进程中最大的资产。因为企业微信给予企业双向关系链，让企业可以与用户直接沟通，而非过去发布广告、通知这样的单向关系。**企业微信为企业建立了一种新型的高效触达服务通道，让企业可以为用户提供有温度、有情感的服务。**

2020 年开始，越来越多的企业开始选择使用企业微信以应对疫情带来的冲击和危机。此时，深陷财务造假危机的瑞幸咖啡也开始使用企业微信进行一场教科书级别的自救行动。据悉，仅仅三个月，瑞幸咖啡就利用企业微信组建近万个用户福利群，沉淀 180 多万私域用户。同时，入群人数还在以每月 60 多万的速度不断增长。概括来说，瑞幸咖啡的做法就是借力企业微信，采用"企业微信 +LBS+ 社群"做用户留存，搭建私域流量体系。那么，瑞幸咖啡是如何运用企业微信的呢？

（1）充分运用 LBS 拉群，精准触达用户

优惠券一直是瑞幸咖啡的"圈粉"利器。借助优惠券引流，瑞幸咖啡在门店、APP 等多渠道展示企业微信的"活码"，引导用户扫描企业微信名片，添加首席福利官（企业微信个人号），添加后通过设置"欢迎语"自动推送基于 LBS 的对应群码。围绕门店的 LBS 拉群，将用户自动划分到所属区域的社群中，方便门店进一步精细化运营（如图 4-5 所示）。

图 4-5　瑞幸咖啡企业微信群

经常喝瑞幸咖啡的朋友应该都知道，在有瑞幸咖啡门店的写字楼附近，经常能收到优惠券的推送消息，这也是瑞幸咖啡企业微信与 LBS 技术融合的结果。

（2）利用企业微信，对用户做精细化运营

瑞幸咖啡的用户多为白领人群，门店位置多在办公楼区域，因此，瑞幸咖啡会根据用户群体的上班特点，每天固定开启 4 场福利活动：早上 8：30 的活动海报；中午 12 点的秒杀券；"下午茶时间到"零食折扣；晚上的小商品折扣。此外，在企业微信群中，还会不定期开展社群专享价、拼

手气抢券、抽奖等优惠活动，吸引用户参与和留存，引导用户下单转化。

显然，更大的微信好友容量、更便捷全面的管理功能、更强大的社群沟通能力……在未来，企业微信将成为企业精细化用户运营的必要工具。

（2）小程序

小程序是由微信提供的一种全新的开发技术，使企业及个人可以快速开发出一种在微信内部运行的移动应用。它相对于 H5、原生 APP 具有开发简单、免安装的特点，同时，借助于微信社交生态能够更容易地被获取以及传播，更容易获得微信的开放能力，也具备更出色的用户体验（如图 4-6 所示）。

图 4-6　微信小程序页面

自 2017 年 1 月 9 日，微信小程序面向 C 端用户上线以来，它承载了无数企业、品牌、开发者和用户对于移动互联网的想象。2019 年 12 月到 2020 年 2 月，仅 2 个月时间，小程序 DAU 就从 3.3 亿增长到 4.5 亿。与此同时，互联网教育、电子商务、在线办公、游戏娱乐、工具类等互联网行业大举进军小程序，实现了传统行业向线上的迁移和线上行业的新一轮拉新获客。

后疫情时代，小程序凭借其轻巧便捷、开发容易以及使用门槛低的特性，迅速触达用户，实现信息的高效分享。可以说，无论对于互联网企业还是传统行业，小程序都提供了用技术拥抱用户的可能。在未来，小程序极有可能成为内容和服务生产的主要载体。

此外，视频号和小程序直播插件的出现，也吸引了短视频和直播从业者。新流量、新功能和小程序的结合，加之微信自有的用户数量，使小程序形成了商业闭环。这使得微信生态中的商业变现出现了新机会。

（3）订阅号、服务号

订阅号是微信生态中最具开放性的流量触点，它属于公众号最基础的一种类型，为媒体和个人提供传播信息的途径。 从 2012 年开始，公众号成为微信内容领域最大的内容集散点。公众号是数智化时代最初成型的自媒体平台。在这里，线下用户的偏好和兴趣得到了可追溯的划分和映射。

在今天，几乎所有的传统媒体都开设了自己的订阅号，实现了向线上的迁移。与此同时，从微信生态中"长"出来的自媒体也越来越多。例如，"十点读书"就是微信生态中的《青年文摘》，"鸡汤＋正能量"的风格吸引了超过 5 000 万用户的关注；"新世相"则以强大的策划能力和 UGC 势能成为微信生态中文艺青年的聚集地；"罗辑思维""凯叔讲故事""年糕妈妈""石榴婆报告""KnowYourself"等则涵盖了知识付费、母婴、时尚、心理等各大领域。即使今天，很多人议论订阅号的打开率越来越低，但订阅号的广告价值依然不可否认。

微信生态中，还有服务号这个容易被忽视的一员。事实上，服务号的功能比订阅号更强大，也更适合企业、组织使用。它弱化了信息传播的功能，而更注重给企业、组织提供更强大的业务服务与用户管理功能，能够实现与用户更多地互动，维系用户，形成业务闭环。

3. 微信商户平台

微信商户平台，完整来说应该是微信支付商户平台（如图4-7所示），是用于商家接入微信支付成为微信支付商户，拥有支付能力的平台，这让商家可以在微信中形成业务闭环。微信支付商户平台的主要作用有以下几点：拥有丰富的支付产品，满足商家在各类交易场景中快速收款的需求；提供运营工具，支持现金红包、代金券、立减与折扣等多种营销工具的使用，助力商家更好地经营；提供资金管理功能，支持交易流水查询、退款、对账、结算等，为商家提供便捷、安全、可配置的资金管理解决方案。

图4-7　微信支付商户平台

4. 微信开放平台

微信开放平台是一个面向开发者的平台，它把微信的各种功能以接口的方式开放出来，供开发者调用，并连接到自己的应用程序里。比如微信登录、微信分享、微信支付等功能。目前，微信开放平台主要提供了四种开发方式，分别是移动应用开发、网站应用开发、公众账号开发、小程序和第三方平台开发。

5. 微信广告

微信广告是基于微信生态，整合朋友圈、公众号、小程序等多重资源，结合用户社交、阅读和生活场景，利用专业数据算法打造的社交营销推广平台。自 2014 年上线以来，其分别发布了公众号和朋友圈广告（如图 4-8 所示）。微信广告承载了每天十亿级的访问量，与微信平台生态紧密结合，同时利用腾讯的大数据体系进行了推送效果的优化。

微信广告也叫微信广告自助投放系统，是微信平台为广大广告主提供的广告投放系统。广告主通过自助投放、系统投放，管理广告并衡量效果，实现多种营销推广目标。微信广告的理念是让广告更贴近生活，它通过大数据分析进行智能发放、定位目标人群，让广告恰好出现在品牌的潜在用户眼前。由于微信生态自带的社交性特点，微信广告的转化率、话题度都很高。这也让品牌在社交广告领域产生了更多的想象并进行探索。

图 4-8　微信朋友圈广告

● 电商平台自有 CRM 工具，提高用户运营效率

CRM 即客户关系管理，英文全称是 Customer Relationship Management。在全面数智化的进程中，传统的 CRM 软件也逐渐被 Web CRM（又称在线 CRM、托管型 CRM 和按需型 CRM）取代，越来越多的企业开始采用 Web CRM 作为客户关系管理的解决方案。它集合了新的信息技术，包括互联网和电子商务、多媒体技术、数据仓库和数据挖掘、专家系统和人工智能、5G 技术、云技术等，为精细化用户运营提供了技术支持。

目前，各大电商平台，包括我们所熟知的京东、淘宝、天猫、拼多多等，都开发了自己的 CRM 工具，供入驻平台的各类型企业和品牌使用，以实现对用户的追踪、分析和管理。平台自有的 CRM 系统能够满足自营及入驻品牌对用户管理的基本需求，商家可通过店铺会员等级的开通以及店铺积分发放和消耗的设置来对已购用户进行管理，让用户在店铺中感受到一种成长体验，从而对用户产生激励，增强用户黏性，提高用户活跃度。电商平台自带的 CRM 系统，可以在用户运营上为商家提供以下便利。

1. 提高店铺服务效率

电商平台的 CRM 系统不仅可以节省人力物力、提高服务效率，还可以提高店铺用户的忠诚度以及电商平台的知名度。比如淘宝平台，就建立了全国统一的联络中心，可以在任何时候，第一时间为客户提供服务。在重视服务效率和服务品质的大环境中，利用 CRM 系统提升用户对品牌的满意度，增强用户黏性是十分必要且有效的。

2. 降低客户流失率

CRM 系统可以帮助客服、运营人员更好地区分不同的客户群体，有针对性地去引导推荐，提供即时且多样化的服务，减少客户流失。

3. 帮助客服进行短信催付

虽然随着微信、QQ 等社交平台的兴起，短信已经很少出现在大家的视野里了，但是验证码消息、银行通知等，还是以手机短信的方式进行通知的。

订购了 CRM 软件的淘宝店，可以使用短信进行订单催付。为了保证良好的催付效果，在发送短信时要把握好时间，不要在休息的时间发送，不要在客户通勤的时间发送。这样效果会更好，也不浪费短信成本。同时卖家在开启了 CRM 催付功能后，可设置对下单半小时内未付款的客户进行催付，同时要注意催付的内容，让客户拥有更好的购物体验。

4. 方便进行老客户关怀

CRM 系统支持客户资料的批量导入，在节日和老客户生日时，都可以发送祝福短信以维护关系，让客户觉得这是一家温馨、人性化的店铺。除此之外，在店铺上新和有重大活动时，也可以群发短信通知客户。

以京东和天猫平台为例，一个常规的电商平台 CRM 工具包主要包括运营管理、数据分析和营销推广三方面的功能（如图 4-9 所示），为企业在销售管理、店铺运营、会员洞察与管理、产品和信息推送等方面提供技术支持。

工具方向	应用场景	京东	天猫
运营管理	销售管理	VC后台/品牌纵横	卖家中心/生意参谋
	店铺运营	店铺shop后台	店铺后台
	品牌会员	会员通/会员支持插件	客户运营平台/会员支持插件
	新品开发	Y事业部	TMIC天猫新品创新中心
数据分析	品牌消费者资产管理	数坊	数据银行
	行业分析与洞察	数坊/九数	数据银行/策略中心
	营销效果追踪	数坊/九数/京东云/京耕/京准通	数据银行/DMP/生意参谋/营销策略中心
	人群建模/AI算法工具	九数/鹊桥	数据银行-数据工厂
营销推广	广告营销触达	京准通/京腾魔方/小黑瓶	阿里妈妈营销矩阵
	短信触达	京东云/京耕	猫超CRM/私域短信插件

图 4-9　电商平台 CRM 工具包

在今天，**企业失去一个老用户，所遭受的损失需要十倍的新用户来弥补**。以用户为中心，从流量思维向留量思维转变变得格外重要。有了 CRM 系统的支持，企业能够收集用户信息，并针对信息进行剖析，从而更快捷准确地识别出有价值的用户，找出他们的需求并满足其需求。为用户提供他们想要的服务，让用户觉得物有所值、物超所值，才能提高他们的忠诚度，让他们成为企业和品牌的忠实用户。

当然，平台自带的 CRM 系统也有其局限性，例如数据非公开透明、缺乏主动性、无法满足定制化需求等。当业务发展到一定阶段，平台自带的 CRM 系统无法满足入驻品牌的需求时，很多企业也会选择定制化的数智化工具作为功能上的辅助和补充。

后记

　　粉丝就是支持者。无论是个人还是企业，无论是工作还是生活中，拥有支持者就意味着你能获得更多机会与力量；意味着挑战来临时，你有"免疫力"；意味着你能走得更远。这一点，兼顾女儿、妻子、妈妈和创业者等多个角色的我，深有感触。

　　多年来，在事业和生活中，我都在实践自己创立的这套粉丝营销理论，并从中获益。

　　比如粉丝思维中的极致思维：凡是仅满足用户需求、让用户满意的都不叫极致思维，超过用户期望的才是极致思维。这一点已经成为很多企业判断新品打造或服务创新是否能"圈粉"的标准，其实这也是个人获得支持者的要素。在合作伙伴面前，我们承诺要做到 85 分，就要想办法做到95 分，给合作伙伴超过预期的结果；在伴侣面前、在家人面前，其实也是同样的道理……无论是你所表现的态度还是能力，当你的表现一次次超过对方期望时，对方终将被你"圈粉"。

　　再说标杆思维，用在个人身上就是榜样的力量。明确你的榜样，靠近你的榜样，找出差距，用行动缩小差距。刚有孩子的时候，正是创业的早期，那是一段非常焦灼的时期，我到了公司就总担心孩子会发生各种不测，而在家陪伴孩子又担心工作，总之角色转换不过来，人活得很拧巴。后来我无意中发现一个女性朋友独自带两个孩子还在创业，无论是妈妈还是创业者的角色，她都做得很优秀。我立马把她树为榜样，向她请教。她给我分享了她的心路历程，并推荐了新手妈妈的育儿书和亲子机构。觉醒就在一瞬间，我听了她的故事，认识到自己的问题是每个职场妈妈都会遇到的普遍问题，客观看待、科学解决，坚信别人能做到的我也能做到。后面再遇到类似的问题时，我都会想"如果是她会怎么解决？"。这就是标杆思维在生活中的应用。

世间万事，原理相通，我也期望读过本书的你，能够把粉丝营销的理念应用在生活的方方面面，给你带来更多的力量与幸福。

本书从筹备到最终完成，用了3年时间，其间得到了各方支持。

感谢樊登老师的点化，让我坚定走"窄门"，做自己，专注于用户粉丝化的课题研发与实践。

感谢积极采纳我的用户服务策略的客户们，我无非是把诸位的实践及结果汇总并上升到企业体系层面，大家的智慧及高招儿也因本书呈现在世人面前。如果脱离客户的宝贵经验，我可能只算闭门造车。

感谢混沌大学、北青智库等直播平台，我在平台上分享"粉丝营销系统闭环打造"课题时获得了极大的正面反响与鼓励，让我有信心把这些内容系统汇集成此书出版。

感谢我的小伙伴若溪，把我日常的分享和观点整理成文字并进行二次编辑。这需要极大的工作量，没有她的辛苦工作就没有此书的呈现。

感谢出版人郑婷和袁璐老师，感谢人民邮电出版社恭竟平老师、徐竟然编辑，他们为此书的出版提供了专业支持。

还要感谢我的助理金鹿、同事崔海瑞及粉丝工场所有的伙伴们，他们都为此书的出版付出了精力。

感谢接受补充访谈的V积分公司，久爱致和公司及樊登读书的相关负责人。

本书中的一些观点与总结受教于施炜老师、刘春雄老师、张学军老师、方刚老师、赵强老师、牛恩坤老师、赵禹老师等，在这里一并致敬感谢。永远"粉"你们！

致敬我的父母，他们是我一直以来的榜样，也是我最坚定的支持者。军人出身的他们把善良和独立刻在了我的骨子里，在我年少时，他们就鼓励我自己做选择并承担选择的后果。感谢他们给了让我享用一生的精神财富！

感谢我的爱人范老师，这些年我们一起学习成长，相互给予对方太多超过彼此期望值的东西，我相信这种"互粉"关系会让我们相伴到老。

感谢我的儿子范一泓，你总是无条件地表示对妈妈的认可与支持，给妈妈温暖和力量。我希望我们一直都是彼此的骄傲！加油！

感谢所有帮助支持过我的朋友！更要感谢耐心读到此处的你！

丁丁

写于 2022 年春